歴史文化ライブラリー

28

吉野ケ里遺跡

保存と活用への道

納富敏雄

吉川弘文館

原則として、初版で掲載した口絵は割愛しております。

目次

市民のなかの吉野ケ里

1　吉野ケ里――その保存と活用

吉野ケ里
――その保存と活用

市民の視点から

「考古学」「遺跡」「文化財」……。こんな言葉を聞くと、一般の人はなにを感じ、なにを考えるだろうか。

国立歴史民俗博物館の佐原真館長の言葉をかりれば、これらに「興味を持っている人は、一〇〇人に一人いればいい方ではないか」という。この数字が多いか少ないかは、受けとる人によって感じ方も違うと思うが、かくいう私も、じつは一〇〇人いれば残りの九九人の中の一人、つまり、ほとんど興味も関心もない人間だった。

大学でも考古学の専門的な教育は受けたこともないし、まして、独学ででも勉強してやろう、などという殊勝なことは思ったことさえない。たまに見るNHKの大河ドラマで、史実とはまったく関係のない人物などが登場する、視聴者の気を引くための演出に簡単にのっかり、それでもその演出のおかげでドラマとしての歴史をおもしろく感じる程度の人間だったのである。

したがって、吉野ケ里《よしのがり》どころか、遺跡の発掘調査の経験は皆無の人間である。

そんな人間が、なぜ吉野ケ里遺跡の保存整備の担当をやっているのか、私のまわりでは大きな謎になっているらしい。私自身その理由がわかっていないのだから仕方がないが、一つだけ理由らしきものがあるとすれば、専門職員でもない、純粋な県庁マンでもない、デラシネ的存在が、いくつかの偶然が重なって、たまたま必要とされたのかもしれないと思うときはある。世の中にはそんなタイミング、そんな人間が結構いるものらしい。つまり、学術的に専門的に遺跡をどうするかではなく、一市民の視点から遺跡をどう見るか、どうしたいか、という単純な発想からスタートできる強みがあったということであろうか。

こんな私に吉野ケ里遺跡の保存と活用について本を書かせようなどという、編集部の依頼に感心して引き受けたものの、考古学のみならず、なにひとつ「専門」という分野を持たない私のことゆえ、結局は支離滅裂《しりめつれつ》、一体なにをいいたいのか、まったく分からない結果に終わってしまいそうな気がする。そういう意味で、本書は佐賀県の文化財行政の担当者としての歩みというより、私個人の独断と偏見による一方的な見解になることをお許しいただきたい。「吉野ケ里秘話」とでも思っていただければ幸いである。

現在、吉野ケ里遺跡の保存・整備・活用については、問題や課題が山積している。私たちはこの事業を進めるにあたって、じつに多くこれらに直面してきた。事務的あるいは経費的な面は解決できても、地元の方々の生活との関係や、縦割りといわれる行政組織にからむ問題など、いまだにほとんど解決していないものが多い。

本書では、私たちの取り組みとその考え方を紹介するなかで、直面してきたさまざまな問題や課題についても触れてみたいと考えている。ただし、その大部分は、もしかしたら私の個人的な問題意識に偏ってしまうことがあるかもしれないことを、あらかじめお断りしておきたい。そして当然のことながら、問題提起にのみ終わって、結論めいたことは導き出せないとも思う。あわせてお許しをいただきたい。

保存整備のあり方

吉野ケ里はいま、奈良県の飛鳥につづく、わが国二番目の国営歴史公園としての道を歩き始めている。遺跡の保存整備のあり方として、それがベストかどうかは正直いってわからない。しかし、私たちは結果を恐れるより、新しい遺跡整備の道を探る、そのプロセスを大切にしたいと考えた。

そうはいっても、所管する省庁・部局が違うと、その考え方もおのずと違ってくる。また、有名になりすぎたことで、正しい歴史を解明すること、それを可能なかぎり正しく伝えるとともに市民の心の憩いの場として整備すること、などの遺跡の保存整備の本来目的から離れ、政治的に利用されてしまうようになることが多々ある。

じつは吉野ケ里もまた、ご多分に漏れず、その波に流されようとしている部分、あるいはすでに流されてしまった部分がかなりある。しかし、私は思っている。人が主役ではない。まして、政治や行政の道具でもない。主役はあくまで遺跡である、それを忘れてはならないと。そして、その遺跡の内容を、わかりやすく正しく国民に伝えるためのマネージメントをすること、それが私たちの保存整備の仕事であると……。

これから吉野ケ里がどうなっていくのか、もしかしたら私の想いとは別の方向に動いていくかもしれない。私たちの力のおよばないところで物事が動いてしまうのはよくあることだ。しかし、吉野ケ里が私にあたえてくれたもの、教えてくれたもの、その他諸々のことを考えると、たとえどんな姿になろうと最後まで見届けたい、という気持ちがある。発掘担当者とはまた違った意味で、吉野ケ里を愛し、吉野ケ里の本当の姿を自分なりに感じとっている人間として、遺跡への恩返しはそれしかないと思うからである。

脚光あびる吉野ケ里

調査から保存へ

一大観光地「吉野ケ里」

　一九八九年（平成元）二月二三日、朝日新聞のトップに〝（佐賀県に）邪《や》馬台国《またいこく》時代の「クニ」〟という文字が躍るやいなや、吉野ケ里《よしのがり》は小さな農業の里から一転し大都会なみの雑踏と化した。

　つぎつぎと押し寄せる人、人、人……。道路は駐車場を探す車で朝早くから大渋滞を引きおこし、地元の人々の通勤・通学にも大きな支障が出た。おりしも遺跡前の道路は改良工事の真っ最中。路面はデコボコ、車幅も狭い。もちろん駐車場などあろうはずがない。あげくの果てには寒い季節も手伝い、いつの間にか「元祖吉野ケ里焼き芋」なるワゴン車が三台も四台も集まってきて、ただでさえ狭い路肩で商売をはじめ、混雑に拍車をかけて

朝日新聞　1989年(平成元年)2月23日　木曜日　38644号　(日刊)

邪馬台国時代の「クニ」

佐賀県吉野ケ里　最大級の環濠集落発掘

望楼や土塁確認　倭人伝と対応

自説「弥奴国」に比定

『朝日新聞』（西部本社版）1989年２月23日の第１面記事

いる。

しかも、日本人の悪しき体質なのか、「道路が悪い」「駐車場くらい用意しておけ」「トイレはないのか」「説明はどうした」などなど、見事なまでの苦情のバーゲンセール。現場から担当の文化課（当時）へのＳＯＳは、波状的に一時間おきから三〇分おき、やがて一五分おきとだんだん早くなり、絶え間なくつづいた。

「なんとかしろ！」と上司から怒鳴られても、ないものはしようがない。「お役所は対応が遅い」などといわれても、こればかりはもう開き直るしかない。「大体、うちが見にきて下さい、なんて頼んだわけじゃあるまいし、遺跡の発掘現場に立派な駐車場やらトイレやらが、あるわけないじゃないか」と叫んだ職員もいたが、「遺跡は国民のもの」、皆で力を合わせて局面を打開しようと、職員の気持ちが一つにまとまるまで、そう時間はかからなかった。

とりあえず、県の土地開発公社に連絡、駐車場用地として土地を借りる手筈を整えるとともに、職員動員計画を作成、交通整理・駐車場整理に当たることになった。また、見学者対策として、見学コースと説明会の時間を設定、さらに主な出土遺物を現場事務所の倉庫に展示するなど、可能なかぎりのスピードで対応を図ったつもりである。

余談だが、この後、佐賀県が遺跡の保存を決定し、遺構保護の埋め戻し工事のため一時遺跡を閉鎖したのが五月八日。報道発表された二月二三日からわずか約二か月半の間に、遺跡を見学に訪れた人の数は一〇五万五〇〇〇人、一日最大見学者数はじつに一〇万人に上る。佐賀県の人口が八八万人弱ということを考えると、そのすさまじさは推して知るべきであろう。

こうして、吉野ケ里遺跡は、遺跡ならびに担当職員の気持ちにはお構いなしに、一大観光地としての道を歩きはじめた。

それにしても、日本人とは一体どういう人種なのか、マナーの悪さや精神的な貧困、自分勝手……、あらためて思い知らされる良い機会であったといえば物議を醸《かも》すだろうか。詳しくは後ほど触れるが、しかしこの経験が、後の保存活用策を検討するさいに、一つの大きな指針を与えてくれることになる。まさに物は考えよう、なんでも自分たちのプラスに使ってしまおうという吉野ケ里のおおらかな、悪くいえば、デリカシーに欠ける精神は、もしかしたらこの時始まったのかもしれない。

発掘調査への道

吉野ケ里遺跡は、専門家の間では戦前から知られていた有名な遺跡である。それならなぜ早く調査をやらなかったのかと、不思議に思う人

発見当時に訪れた大勢の見学者（1989年2月）〈佐賀新聞社提供〉
内壕の中にまで入り，西側物見やぐら跡を見学する人びと．

絶えることのない見学者（1997年5月）
仮整備された東側物見やぐら付近の修学旅行生．

も多いかもしれない。いや、文化財の発掘調査の仕組みそのものを知っている人が少ないのだから、「かもしれない」どころか大多数の人が不思議に感じていることだろう。

現在の埋蔵文化財の発掘調査は、一九五〇年（昭和二五）に制定された「文化財保護法」に基づいている。法律の解釈はきわめて難しい問題をはらむので詳しいことは省くが、家や工場を建てたり、道を作ったり、あるいは圃場整備を行なったり、ようするにその土地を開発しようとする場合には、事前に届け出が必要になっている。この届け出に基づいて、基本的には地方自治体の教育委員会が調査を行なうのである。では、なぜ届け出がないかぎり、文化財の調査は行なわれないのであろうか。

一番大きな理由は、実際に調査を担当する地方自治体に、経済的にも人的にも余裕がない、ということであろう。もし余裕があり、各地方自治体で積極的な調査が行なわれていれば、吉野ケ里をはじめ、三内丸山《さんないまるやま》遺跡（青森市）にしても平塚川添《ひらづかかわぞえ》遺跡（福岡県甘木《あまぎ》市）にしても、最近の上野原遺跡（鹿児島県国分市）にしても、最初から工業団地などの造成計画は起こらなかったであろうし、無駄な経費を投入する必要もなかったわけである。

現在では、全国において可能なかぎり（といってもわずかではあるが）町内遺跡などの名目で確認調査が行なわれている。これは、将来の開発計画が予測される地域において、事

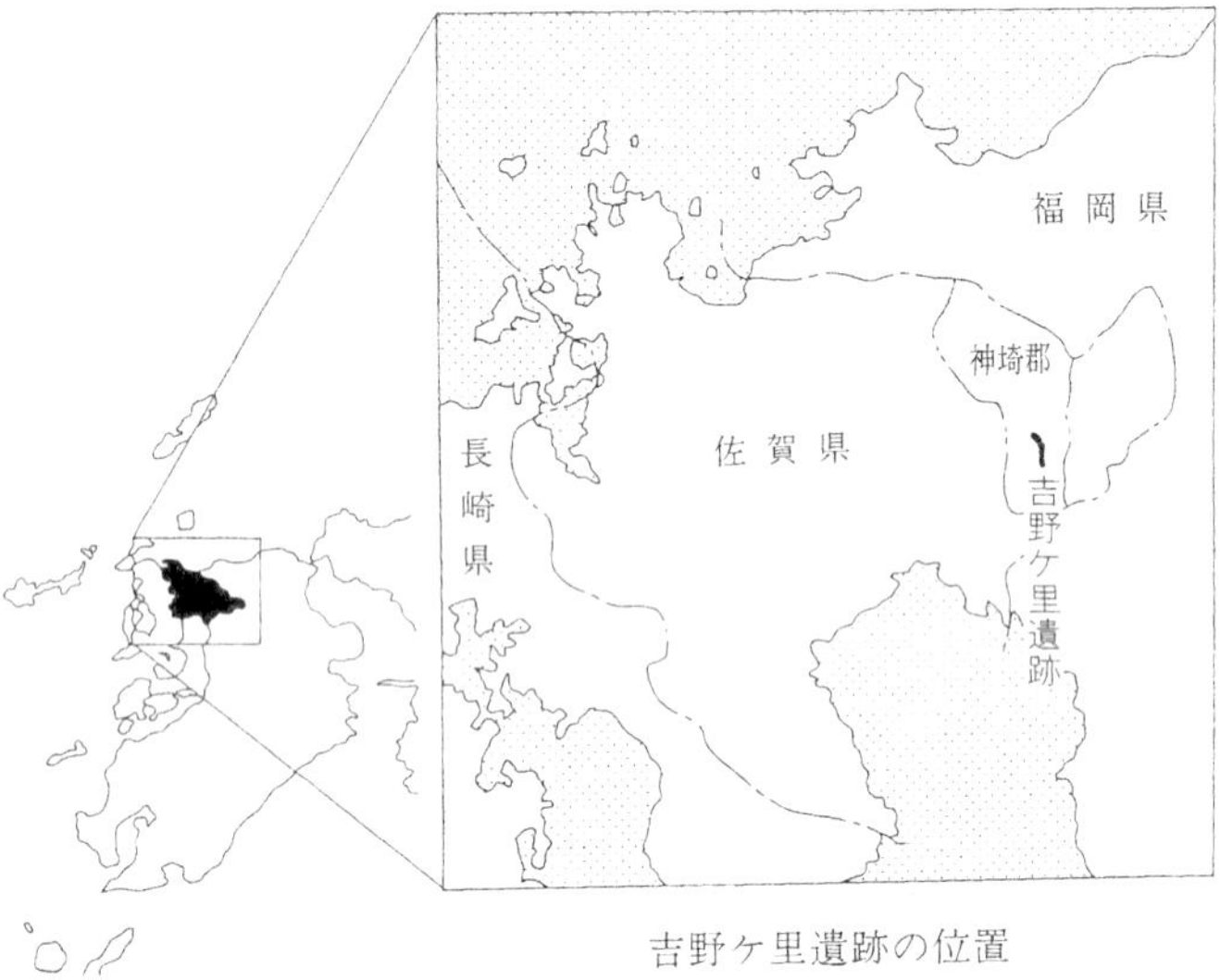

吉野ヶ里遺跡の位置

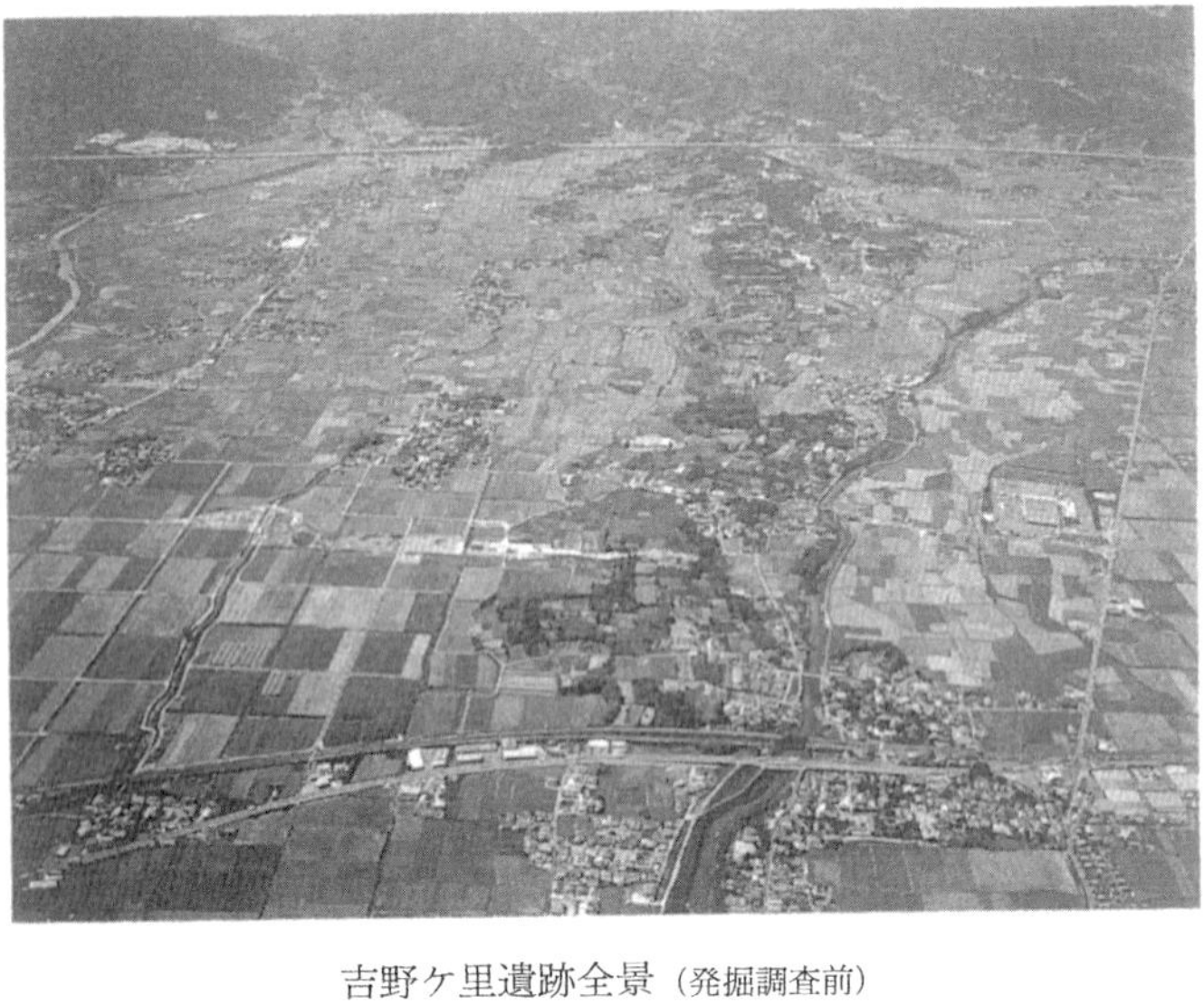

吉野ヶ里遺跡全景（発掘調査前）

前に文化財の有無を確認し、開発計画の参考にするとともに、埋蔵文化財の包蔵範囲を把握するためである。しかしこれとても、範囲確認程度で学術的な調査が行なわれているわけではない。いいかえれば、きわめて特殊なケースを除けば、文化財の調査はそこになんらかの開発行為が計画されないかぎり、現在の日本では学術的な目的による調査はできない、といっても過言ではないだろう。

文化財に優劣はあるか

ここで話は少し横道にそれるが、それでは保存される遺跡と保存されずに破壊されてしまう遺跡の違いはどこにあるのだろうか。じつは、一〇年以上も文化財保護行政に携わっていながら、私のなかではその明確な理由がいまだに整理されていない。現在、日本の各地で保存されている遺跡のほとんどが、国・県・市町村いずれかの文化財（史跡）としての指定を受けている。逆にいえば、「指定されるに足る遺跡」でなければ残らないわけである。

それではこの基準を満たす遺跡とはどんな遺跡であろうか、またそれを判断するのは一体だれであろうか。

ちなみに、国の史跡として指定される基準としては、「特別史跡名勝天然記念物及び史跡名勝天然記念物指定基準」（昭和二六年五月十日文化財保護委員会告示第二号）により、つぎのように定められている。

史跡＝我が国の歴史の正しい理解のために欠く事ができず、かつ、その遺跡の規模、遺構、出土遺物等において学術上価値あるもの

全国都道府県および市町村の指定基準も、ほとんどこれに準じている。では、指定してもらうためにはどうするか、一般的には実際調査に携わった専門職員が、その遺跡の価値判断を適切に行なえるかどうかがスタートであろう。そして自分の判断だけでなく、大学の研究者や国の専門家に遺跡を見てもらい、そこで「これは貴重だ」ということになると、つぎに当該地方自治体内部や文化庁との間で、保存するかどうかについての話し合いが行なわれる。

かりに発掘調査担当者が、最初から遺跡保存は無理だと考え、自分では貴重だと思っても、その時それを公表しなかったらどうなるか。また、公表させてもらえなかったらどうなるか。当然その遺跡は破壊されることになり、後は調査報告書が残るのみである。

一方、地域の経済的な浮揚を目的にした開発行為において、その開発が住民の求めるところであれば、発掘調査の成果を公表することはきわめて勇気のいることになる。なぜなら、公表することにより、マスコミで大々的に報道された結果、全国から保存を求める声

が沸き上がれば、当然それを無視して開発を強行することは、その地方のイメージを大きく損ねてしまう結果になり、場合によっては首長の責任問題にまで発展してしまうほどの力を持っているからである。

「公表させてもらえない」、あるいは「公表にあたっては、自治体内部で慎重に検討を行なってから」という歯止めがかかるのはこのためである。

残る遺跡・壊される遺跡

この問題について、私の上司である高島忠平氏（佐賀県教育委員会文化財課長、現教育次長）に聞いてみたことがある。一言ではとてもいえない、と断った上で、彼が話してくれた内容は次のようなものである。

「純粋な意味でいえば、遺跡の価値に上下はないはずだ。だからといって、すべての遺跡を保存することもできない。なぜなら、私たちの今と未来の暮らしがあり、そのために本当に必要な開発もあるからだ。

したがって、保存する遺跡とやむを得ず破壊する遺跡とが出てきてしまう。その中で保存が決まる遺跡というのは、ありきたりの表現だが、やはり他に類例がなく、かつわが国の歴史と文化を解明する上でなくてはならない、国民的な価値を持っている、ということであろうか。

発掘作業風景（北内郭大型建物跡付近，1993年８月）

マスコミ報道前の発掘現場説明会（1988年11月）〈佐賀新聞社提供〉
当時は，少数の考古学ファンのみが見学に訪れていた（28ページ参照）．

その判断をだれが行なうかも問題だが、ただそれだけではない。その遺跡が社会に与えたインパクトや、発見された時期、すなわちタイミングも大きな要因になってくるだろう。いいかえれば、学術的・社会的、そして発見の時期まで含んだ、総合的な判断で残される、と考えた方がいいかもしれない」

私のとらえ方が悪くて一部ニュアンスは違うかもしれないが、おおむねこんなことだったろうと思う。しかし、いま一つ納得がいかない。

吉野ケ里の研究会を、専門家や素人に関係なくワイワイガヤガヤやるのが私たちスタッフの慣習だが、そのなかで必ず出てくるのが、「吉野ケ里を解明するためには、またわが国の弥生社会全体を解明するためには、ひいてはわが国の古代史を解明するためには、吉野ケ里だけではなく、周辺の遺跡や日本全国の遺跡、さらにはその前後の時代まで総括的に検討しなければならない。したがって全国の遺跡の資料を集め、その分析から始める必要がある」ということである。

全国の遺跡の資料とはなにか。発掘調査の報告書や現地説明会資料、さらには関係文献などである。それらはもちろん取り揃えることは可能だが、そのなかの九割以上の遺跡はすでに破壊されている。それでもいいというのだろうか。

遺跡の持つ意味合いからすれば、小さな農村集落の遺跡でも、わが国の弥生社会を解明するための大きな鍵を握っているということではないのか。「それらは報告書という形で保存されている」といういい方をする人もいるが、それならすべて報告書に記載しておけば本物の遺構を残す必要はないことになる。

この問題については、保存のための指定制度が、逆に遺跡破壊に口実を与えている、と指摘する声もある。つまり、指定から漏れた遺跡は、堂々と破壊していい、という免罪符を与えられたのと同じことであり、指定はもしかしたら、貴重なものを残すためではなく、弱者を容赦なく切り捨てる発想に似ている悲しい制度なのかもしれないと……。

埋蔵文化財と市民の声

何年か前、同じ課の中堅の専門職員と話をしたことがある。彼は専門職員にしては珍しく幅広い視野を持ち、つねに問題意識を持って仕事をしている人間であり、私の遊び仲間でもある。彼の口からこんな言葉が飛び出した。

「自分の立場でこんなことをいうべきではないと思うが、遺跡の調査について、最近疑問に感じることが多くなった。たとえば開発計画が起こった時、事前に必ず文化財の調査を行なっているが、設計図を見ると、十分な土盛りが施されて、遺構にはなんの影響もない工事もある。こんな時でも調査を行なわなければいけないのだろうか。

変な話だが、その開発計画によって、その土地はそれ以上の開発は行なわれないことが逆に保証されたわけであり、しかも遺構はそのまま残っている。将来、学術的にその遺構を調査しなければならない必要が出てきた時には、調査ができる可能性は残っているのである。それなのに必ず調査をやる。人的にも経費的にも切迫したなかで、あえて調査をやる必要性とはなんなのだろう。

しかも、ここで注意をしなければいけないのは、文化財の発掘調査（確認調査を含めて）は、同時に遺構の破壊行為である、ということだ。この現実を僕たちはもっとしっかり認識し、考えていかなければならないのではないだろうか」

私は愕然とした。有頂天になって、吉野ケ里の保存整備がどうのこうのといっていたが、その前に、本当に整理しておかなければならない根本的な問題があるのだ。この問題から目をそらして、吉野ケ里云々でもないだろう。

彼（松尾法博氏）から教えてもらった「物ごとを考える時、根本に立ち返らなければ駄目だ」という考え方は、この後の私の仕事にいつも跳ね返ってくることになる。

一方、市民の側からの声もある。「よく分かりもしない大昔のことをあれこれ金掛けてやる必要がどこにあるか。そんなことに金を掛ける余裕があるなら、早く下水道を作ってくれ」「大切な遺跡を残すことに反対はしないが、今の私たちの生活のことも考えてほしい」「この狭い国土の中に一億二〇〇〇万もの人が住んでいて、しかも慢性的な土地不足。この事態を文化財の専門家の人はしっかり把握してほしい」などという声がいつも聞こえてくる。

こういった声にきちんと答えるのも、文化財行政に携わる人間の責任と思うのだが、冒頭に述べたように、遺跡とか考古学といったものに興味を持たない人が大多数という現状のなかで、「なぜ埋蔵文化財は大切なのか」「私たちの祖先の歩いてきた道筋を調べることがなぜ必要なのか」といったもっとも基本的な問題について、これまでだれも真剣に説明してこなかったという事実がたしかにある。

もしかしたら市民はそれを求めていたかもしれないのに、そういう機会も場もあたえずに、自分の仕事としてあるいは研究者としての立場だけに没頭して、市民へのサービスを忘れてしまった、私たち文化財行政に携わる者の責任はきわめて大きいといわざるを得ない。この問いに対しては、私の仲間からも「仕事が忙しく、とてもそんな時間はない」という答えが帰ってくるが、それは身内には理解できても、市民の要望に対する答えにはなっていない。

文化財保護の理想と現実

そもそも私は、ある意味では、文化財保護法なる法律は必要ないものだと思っている。こう書くと、明治の太政官布告以来、文化財保護のため心血を注いできた先人たちの苦労を無駄なものだといってるように聞こえるかもしれないが決してそうではない。

私がいいたいのは、文化財というのは果たして法で守るものなのだろうか、という素朴な疑問なのである。もちろん、どんどん文化財の破壊が進んだからこそ、先人たちは苦労して今の法律を作りあげたのだと思う。理想論をいわせてもらえるならば、国民一人ひとりが真に自分の国の歴史に誇りを持ち、自分の国の歴史を知り、自分の国の歴史に責任を持っているかぎり、法律などではなく、国民のなかにおのずと意識がでてくるものではないか、と思うからである。

しかし、現実はそうもいかない。毎年毎年、開発などに伴う文化財の調査は増加の一途をたどり、一九八四年（昭和五九）から過去一〇年間の全国統計によれば、一九八四年の一万四八六二件の発掘届件数に対し、一九九三年には三万一三〇六件となり、二倍以上におよんでいる。そして、そのなかの九割以上の遺跡が破壊されている。いいかえれば、ほんの何%かのきわめて幸運な遺跡だけが保存され、人々の注目を集めるのみである。

結局、残される遺跡と破壊される遺跡との違いは、高島忠平氏がいうように、学術的・歴史的価値の高さを基本に、社会的・行政的・時期的・政治的など、総合的な判断による違いとしかいいようがないのだろうか。

　吉野ケ里の保存整備とは直接関係ないような話だと思われる人もいるかもしれない。しかし、遺跡の整備というものは、幸運にも残されたその遺跡だけを考えていればいい、というものではないと思う。

　吉野ケ里の保存整備に取り組むなかで、いまは壊されてしまっている遺跡から、私たちは本当に多くのことを教えてもらっている。その意味においては遺跡に上下関係などあろうはずがないし、吉野ケ里とともに、あるいは吉野ケ里のなかに、それら壊された数多くの遺跡もまた、姿は見えなくとも、確かに「保存されている」と思いたい。

　そのことを知っていただきたくて、あえて寄り道した次第である。

運命の保存決定

破壊決定

一九八一年（昭和五六）六月、佐賀県は「東部地区工業団地適地調査会」を設置、神埼《かんざき》町周辺において経済浮揚を目的とした工業団地造成計画をスタートさせた。調査会の協議はなんども重ねられ、候補地として一〇か所程度が浮上、そのなかでも、高速広域交通体系の整備や水資源の確保など最適な条件を有する地として、一九八二年（昭和五七）六月に、吉野ケ里丘陵一帯が最有力候補地として選定されるにいたった。

しかし前述のように、吉野ケ里丘陵一帯は戦前より「吉野ケ里遺跡」という名で多くの考古学者に知られていた著名な遺跡であり、当時文化財を所管していた県教育委員会文化

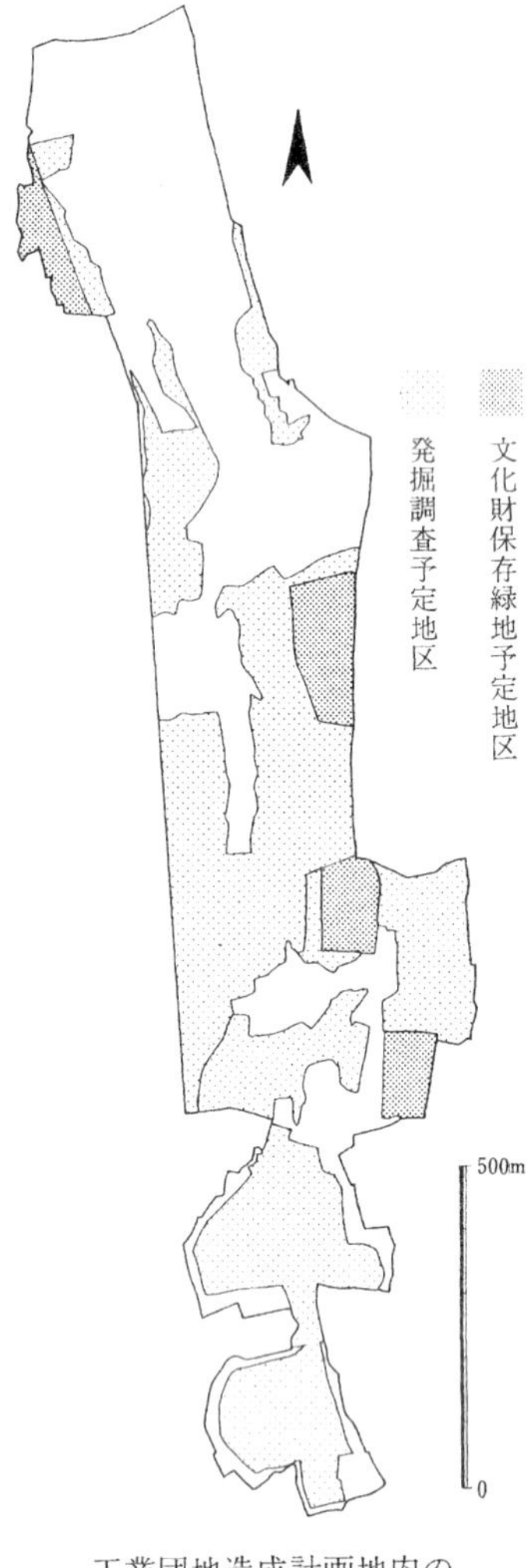

工業団地造成計画地内の
調査・保存緑地予定地区

課でも「きわめてリスクが高い」との見解を示していたことも事実である。

このため、埋蔵文化財の保存対策などに関して、関係機関の間において協議がもたれ、工業団地造成計画の策定前に、文化財の埋蔵状況を把握するための確認調査を実施することになった。

確認調査は、工業団地予定地の当該町である神埼町と三田川町、県関係として、工鉱課(現工業振興課)・文化課(現文化財課)・土地開発公社の五者の間で「吉野ケ里遺跡調査会」を結成、一九八二年七月二九日から同年一一月二〇日までの期間実施された。確認調査の対象範囲は、工業団地造成予定地の全域約六八㌶。そのうち約三六㌶の広範囲にわたって文化財が埋蔵されていることが確認され、取り扱いが協議された。

その結果、文化財の埋蔵量が特に濃密な地区四か所、計六㌶を「文化財保存緑地」として現状保存することが決定、残り約三〇㌶について、記録保存のための発掘調査が実施されることになった。この時点で、吉野ケ里遺跡は六㌶を除く他の全域が破壊されることに決まったのである。

破壊への調査

吉野ケ里遺跡の発掘調査は、一九八六年(昭和六一)五月から一九八九年三月までの三年間という約束でスタートした。単純に割り返しても、一年間に一〇㌶という、文化財の発掘調査としては例を見ない急ピッチの工程である。頼む方も頼む方なら、引き受ける方も引き受ける方だ。一般的に、一人の調査員が一年間張りついて調査できる範囲は、各種条件によって若干の違いはあっても、大体六〇〇〇～七〇〇〇平方㍍だといわれている。この数字が正しいとすれば、三〇㌶の範囲を三年間で調査するためには、延べ四五人くらいの調査員が必要という単純計算になる。

実際に吉野ケ里の発掘調査に携わった調査員の数は、三年間で延べ一八人、よくも引き受けたものだと、なかばあきれてしまう。それも、保存される遺跡なら楽しみがあるが、調査の先に待っているのは、大型ブルドーザーによって無惨に一気に破壊されていく姿しかない。こうなるともはや調査員たちの心境はいかほどであったか、などとマスコミが喜びそうな苦労話の範囲をはるかに越えている。しかし工業団地造成計画の推進のためには至上命令だったらしい。かといって、もちろん手を抜くわけにはいかない。

口さがない人たちからは時々こんな話を聞く。「壊されると分かっていたから、調査の方もあまり真剣にやらなかったんじゃないか」「手抜きしたんじゃないだろうね」。不愉快ではあるが、腹をたてる気にもならない。壊されてしまうからこそ、どんな小さなものでも見逃すまいと真剣になる。もう二度と会えないと思う気持ちがあるから、その時を必死に取り組む。そんな人間の、悲しみと優しさを分からない人間に、自分勝手な憶測で物をいってほしくない。決して身びいきではなく、かれらの真剣なまなざしと真摯な態度を見れば、だれもが心打たれるだろう。

このように過酷な調査は、県教育委員会文化課の専門職員が三名、地元神埼町から専門職員二名、同じく三田川町から専門職員一名の計六名体制で行なわれた。当時の佐賀県教育委員会の文化財行政は文化課が行なっており、この吉野ケ里遺跡の発掘調査は、そのなかで調査二係が担当した。

ちなみに、当時の文化課は、庶務係、埋蔵文化財を除く有形文化財・民俗文化財など文化財一般を管理する文化財管理係、埋蔵文化財の調査・届け出事務などに従事する調査一係、調査二係、芸術文化などを担当する文化振興係の五係体制であった。当時私は、文化財管理係に席を置き、文化財の指定事務や指定文化財の現状変更などの業務に携わりながら、吉野ケ里の発掘調査の途中報告を聞く程度の関わりにすぎなかった。恥ずかしい話ながら、「吉野ケ里」をなんと読むのか、その読み方さえ知らなかった時代である。もちろん、文化課のなかで、だれ一人として吉野ケ里の今日を予想した者はいなかった。

過酷な条件のなかではあったが、発掘現場事務所のまとめ役として信望の厚かった七田《しちだ》忠昭《ただあき》氏を中心とするチームの結束力は強く、発掘調査は順調に進んだ。

調査の細かい経緯については本書の主な目的から少し外れるので割愛するが、調査の途中、年二回の割合で発掘現場説明会を実施、一回につき約二〇〇〜三〇〇人程度の考古学ファンが見学にきていたように思う。最後の現場説明会を実施したのが一九八八年（昭和六三）の一一月。この時にはすでに遺跡の概要が把握されており、「すごい遺跡だぞ」という感触が、七田氏たち調査員のなかにはあったようだ。

しかし、一方的に文化財サイドから遺跡の内容を発表することは大きな問題を引き起こすことは前述した。結局、現場説明会は実施したものの、大きな話題を提供するまでには至らず、調査終了まで残りわずか、調査員たちの胸のなかに安堵感と寂しさと、その他もろもろ、言葉では言い表せない複雑な気持ちがしだいに膨らむなか、吉野ケ里はやがて運命の日、一九八九年（平成元）二月二三日を迎える。

スター誕生

この日から、吉野ケ里遺跡は、一躍わが国における考古学界のスターとしての道を歩き始める。このスターという言葉は、いろいろな意味を持つ。

一つは揶揄《やゆ》的な意味合いである。誰が揶揄するのか、それは意外にも、全国の埋蔵文化財の専門職員である。なぜか。マスコミの過激ともいえる報道合戦が、いつの間にか吉野ケ里なくして日本の考古学は語れない、という風潮を作ってしまったからだ。その後全国で弥生時代の大規模な遺跡が発見されたとき、マスコミはこぞって次のようなタイトルをつけている。

たとえば、九州で発見されれば、「吉野ケ里級の遺跡、福岡でも発見」、これが関東になると「関東の吉野ケ里」になり、東北になると「東国の吉野ケ里」となる。最近見つかった青森県の三内丸山遺跡に至っては「縄文の吉野ケ里」というタイトルがつくからすごい。これでおかしいのは、遺跡の名前の前に「〇〇の吉野ケ里」というタイトルがきて、肝心の遺跡の名前は文章を読まなければよくわからない、という書き方をしているところまであることだ。その遺跡のある町や、担当者にとって、ある意味でこれほど腹の立つ紹介の仕方もあるまい。「いやぁ、吉野ケ里はスターだから」。揶揄的に呼ばれるゆえんである。

著名な遺跡との比較は、新たな遺跡の重要性を訴えるのには一番手っ取り早い方法ではあるかもしれない。が、すぐに吉野ケ里と比較しようとするところに、発想の乏しさと、日本人の「右にならえ」の卑屈な精神が見え隠れして、私はあまり好きではない。きちんとした内容比較は必要であろうが、少なくとも中身とはあまり関係ない過激なタイトルで販売部数を増やそうという、いわゆるスキャンダル誌と同じ手法を、大手紙やその地方の代表紙の新聞が使う必要はないと思うが、どうだろう。

とはいっても、吉野ケ里遺跡の保存への力という意味では、マスコミの影響は多大なものがあったことも事実である。そして現在でも、私たちはマスコミの方々と、吉野ケ里の情報を市民に伝えるために、きわめて良好な関係を保っていると信じている。

私の仕事場には、取材と関係なく、四方山話をしに来る記者たちの姿がいつもあった。馴れ合いでもなく、他人行儀でもない、不思議な関係がそこにはあった。だからこそ、私たちはマスコミへの批判も口にするし、彼らもまた私たちの仕事への批判・不満を堂々と口にすることができた。今にして思えば、普段は〝敵対関係〟にある行政職員とマスコミの記者たちとが、同じ夢を追っていける場所、吉野ケ里夢工房があったということだろう。

中身が分からない吉野ケ里

マスコミとの関係についてはまた後で述べることにして、二つ目は、吉野ケ里遺跡の持つ多様で豊富、かつきわめて学術的価値の高い内容からくる、真の意味でのスターという形容である。ところがこれが逆に、吉野ケ里遺跡を市民にはわかりにくい遺跡にしているのだから皮肉なものである。それはなぜか。

吉野ケ里については、前述したようにマスコミの関心も高く、たとえば地元では、新年度に発掘調査が始まっただけで、「吉野ケ里、新たな調査始まる。○○○○に期待！」などという記事になる。調査を始めただけでこれだから、なにか見つかった、となると必ず紙面に出る。それもかなり取り扱いが大きい。そして、その発見が吉野ケ里全体にとって、あるいはわが国の弥生社会にとって、どれだけの意味があるのか、ここまではコメントされる。

しかしである。その後どうなったのか、その発見によって吉野ケ里の解釈は果たして変わったのか、あるいは依然として謎のままなのか、こういうことに対するフォローの記事はほとんどでない。これは全国の遺跡でも同じことで、よほどのことがないかぎり追跡記事はでない。

もっとも、いつもいつも吉野ケ里あるいはひとつの遺跡のことを追いかけている余裕はもちろんないだろうし、このことでマスコミを批判する気持ちはさらさらない。それどころか、小さなことまできちんと報道してくれることに感謝の気持ちさえ抱いている。ただ、このひとつひとつの情報が、吉野ケ里はきわめて多いものだから、それが災いして全体の姿が逆に見えにくくなっている、ということなのだ。

佐賀県の人に「吉野ケ里遺跡はどんな遺跡だと思いますか」という質問をすると、大体つぎのような答えが返ってくる。「墳丘墓があるから」「物見櫓《やぐら》があるから」「大きな環壕《かんごう》があるから」。これらはまだいい方だ。もっとおもしろいのは、「邪馬台国だから、卑弥呼がいたから」「ここだけにしかないから」「テレビで有名だから」、あげくの果てには、「高島課長さんがいるから」「素敵な七田さんがいるから」。こうなるともうお手上げである。これは決してオーバーではない。本当にこんな答えが返ってくるのだ。しかも、小学生ではなく、社会人や主婦の方からである。

これをどう考えればいいのだろう。ようするに、吉野ケ里の地元の佐賀県でも、なにが貴重なのか、どんな遺跡なのか、その基本的な姿がまったくといっていいほど理解されていないということなのである。

これはもうだれの責任でもない、私たちの責任である。したがって、吉野ケ里がわが国考古学界のスターと呼ばれる理由についても、もちろんその理由は分かってもらっていない。「新聞やテレビに出て、国の偉い先生が言ってるのだからそうなんだろう」くらいのものである。

佐賀県民の悪口をいうわけではないが、なにしろマイナーな県のイメージが強く、出張したさい、タクシーの運転手から「どこからですか」と聞かれ「佐賀県」というと、それだけで会話がとぎれてしまう。ようするにタクシーの運転手は佐賀についてなにも知らないから、質問のしようがなく、言葉の接《つ》ぎ穂がないのだ。そんな県だから、県民のほとんどはまだ、新聞やテレビにでるだけで「スゴイ」と思ってしまう。なんでも信用してしまう。だから、それ以上は必要ないのだ。全国ニュースに出た吉野ケ里の名前を知っていればそれでいい、その内容についてはどうでもいいのだ、ということになる。しかし、それでは困る（と思うのだけれど）。

そこで、吉野ケ里はなぜスターなのか（じつはその理由こそ、吉野ケ里とはなんぞや、という問いに対する答えでもあるのだが）、これから、そのもっとも基本的なことを簡単に述べてみたい。発掘調査責任者の七田氏がまとめた、いくつかの吉野ケ里に関する文章を私なりに解釈し、柱だけを簡単に紹介する程度ではあるが。

吉野ケ里が語るもの

弥生時代

今からおよそ二三〇〇～一七〇〇年前の時代、ちょうど紀元前三世紀から紀元三世紀までの六〇〇年間を弥生《やよい》時代という。弥生とは、その時代に使われていた土器が最初に発見された地名である。すなわち、一八八四年（明治一七）に、東京の向《むこう》ケ岡《がおか》弥生町（現在の東京都文京区弥生二丁目）で発見された新しい土器が使われた時代、ということで「弥生時代」と呼ばれるようになったのは、すでにご承知のことだろう。

この弥生時代は、じつは日本の歴史上大きな画期となった時代、すなわち、研究者によって若干の違いはあるが、一般的には、日本で初めて「クニ」ができ上がった時代とされている。

それまでの時代、縄文時代には、人々は狩りをしたり木の実を採ったり、いわば自然の恵みの中での生活であった。したがって、定住せずに、季節ごとに食物を求めて移動していた人々がほとんどだったといわれている（もちろん定住もあるが）。

ところが、二四〇〇〜二三〇〇年ほど前、中国大陸から稲作文化がもたらされ、そのことによって人々の生活は一変する。なぜ稲作があっという間に日本に定着し、広まったかについてはさまざまな意見があるようだが、稲作に適した自然条件が大きな原因だったのではないかと考えられている。

専門的な領域には立ち入らないことにするが、この稲作の伝来によって、人々は季節ごとに食物を求めて移動する必要がなくなり、しだいに定住し、やがてまとまった集団生活へと生活様式を変えて行く。本格的な集団生活への移行の過程は私にはわからないが、ただ、日本中のすべての人が稲作を始めたわけではないようであり、たとえば海岸線に住みついて、漁労生活をしていた人たちなどもいたようである。

集団生活が始まるとどうなるか。当然その集団を治めるリーダー、あるいは首長の存在が必要となり、その首長を中心に、しだいに階層分化が進むようになる。さらには、集団における決まりや約束事なども作られ、秩序が形成されてくる。いまの言葉に単純に言い換えていいのものかどうかは分からないが、「政治」あるいは「法律」といったものの最初の姿が整ってくる時代、といってもいいだろう。

吉野ケ里からは、青銅器工房跡と思われる遺構や、さらに貝紫で染色したと思われる高度な技術を持った絹織物なども出土している。全国における研究では、絹織物に関しすでに養蚕技術もあったとされており、さらに吉野ケ里からの出土で、当時の衣装も単なる貫頭衣ではなく、袖をきちんと縫い合わせた衣服を纏《まと》っていた可能性まで指摘されるにいたっている。このような事実から、当時すでに専門工人がいた、ともいわれており、これが本当ならば、単なる階層分化というより、もう一歩進んだ専門職人による分業制まで確立されていた、と指摘する学者も少なくない。

つぎに大きな変化をもたらしたのは、自然任せではなく、自分たちで稲を作る、という行為を通して、生産経済の世界に入って行く、ということである。縄文時代にもすでに畑作はあった、といわれているが、自分たちで開墾しきちんと管理されていた畑なのか、あるいは自然に植生している地域を知っていて、そこをたんに守っていただけなのかははっきりしないといわれている。これもまた意見の分かれるところである。それにくらべ、弥生時代にはあきらかに意図的に開墾し、自分たちで管理していたことがわかっている。「都市」あるいは「都市国家」などの言葉の定義はきわめて難しいとされており、日本でもさまざまな意見があるようだが、少なくとも「都市」を構成する一つの大きな要素は「市」であるらしい。吉野ケ里で、遺構として「市」の跡が見つかっているわけではないが、出土した遺物のなかには、遠く南方でしか採れない貝や、明らかに中国大陸の影響を受けたと思われる遺物が少なくなく、物々交換の場としての「市」は確立していた、とみる学者も多い。これらもまたいまの言葉におき換えるならば「経済」といったものの、一番最初の形ができ上がる時代、といってもいいだろう。

三番目としては「まつり」あるいは「祈り」である。卑弥呼に象徴されるように、当時の政治的な決定は、呪術によって行なわれていたといわれている。田植えの時期から収穫まで、あるいは戦争の決定や犯罪人の処罰まで、すべて呪術によって行なわれていた、と考えられている。さらに、縄文時代の血縁を中心とする集団から、血縁・地縁を中心とする集団へと大きく発展していった当時の社会において、首長の死を悲しんだり、あるいは豊作を祈ったり、豊作に感謝したり、政治的にではなく、その生活すべてにおいて「まつり」「祈り」は人々の精神を支配していた。これをいまの言葉におき換えて「宗教」と表現していいかどうかはわからないが、少なくとも体制的に確立されていった時代である、ということはいえるだろう。

このように、弥生時代は、いわゆる当時の「クニ」を構成する要素がはじめてでき上がった時代、いいかえれば、日本に初めて「クニ」が誕生する時代といわれているのである。

わが国の成り立ちを示す

日本では、この弥生時代の「クニ」が、どのようにして生まれ発展し、そして成立していったのか、ということが、じつは大きな謎であった。

全国各地で弥生時代の遺跡の発見はたくさんあるが、いずれも弥生社会六〇〇年間の流れを通して理解できる遺跡ではなかった。

ところが、吉野ケ里は、紀元前三世紀から紀元三世紀ごろまでの約六〇〇年間を通して、日本列島の一地域に、「ムラ」から「クニ」へといった小原始国家が拡大発展する過程を明確に示してくれる遺跡なのである。つまり、六〇〇年間の時間の流れを、この遺跡だけで追って行くことができるのである。

ここで「クニ」という字をカタカナで書いている理由を簡単に述べておきたい。

弥生時代の「クニ」は、いわゆる今の日本のように日本列島が一つにまとまっての「国」ではない。今でいう「郡」単位くらいの範囲のなかに、大小の集落が存在しており、

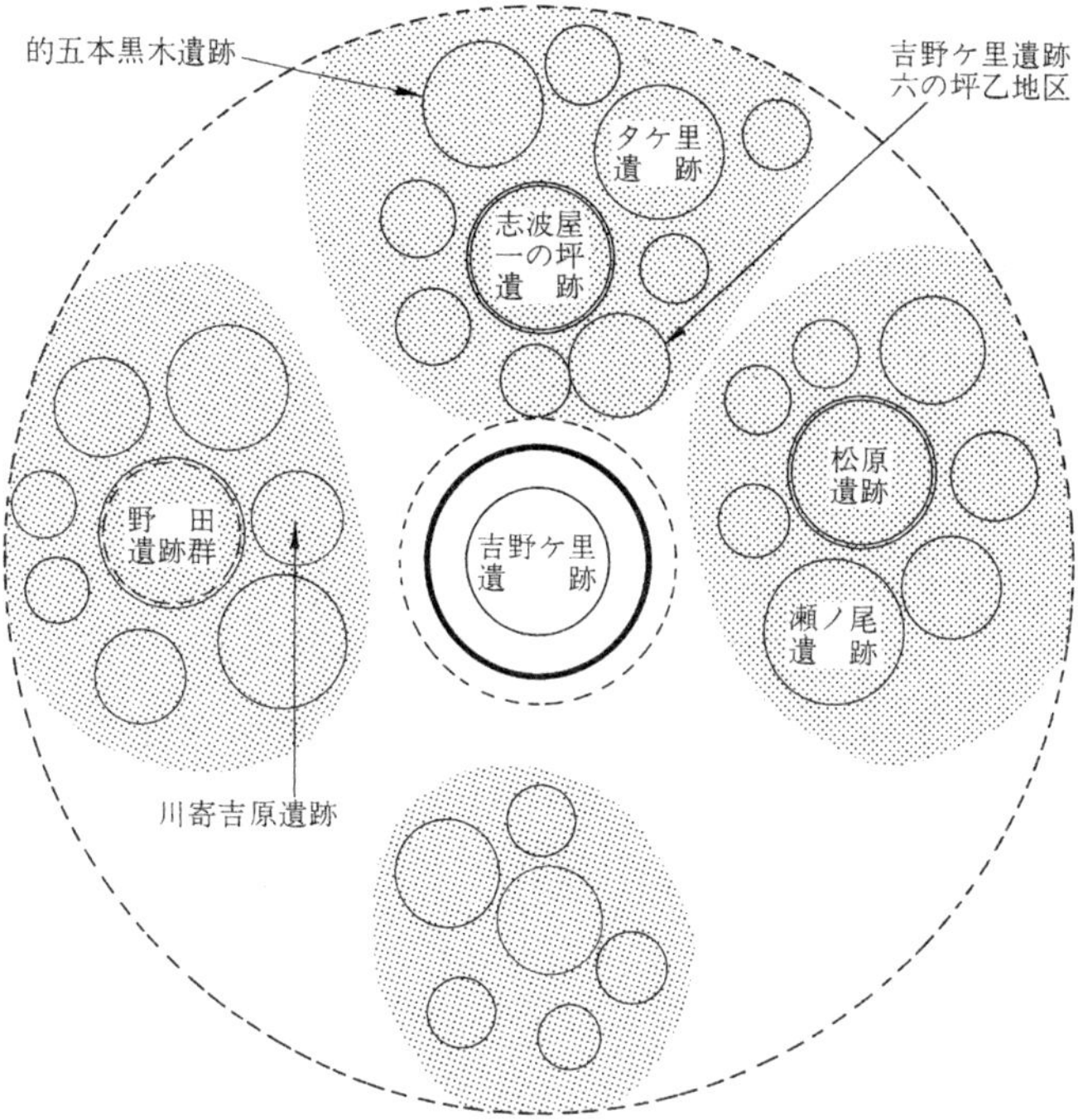

弥生時代のクニの模式図（佐賀県教育委員会『吉野ケ里』による）

それらの集落が集まって、一つの「クニ」を構成していたと考えられている。ようするに、地域連合としての「クニ」を構成していたわけである。『魏志倭人伝《ぎしわじんでん》』や『漢書地理志《かんじょちりし》』に出てくる三〇余国とか一〇〇余国とかいう表現は、こういった地域連合としての「クニ」が、当時の日本には三〇とか一〇〇あったという説明だとされている。

したがって、当時の「クニ」をあえてカタカナで表現しているのは、今でいう「統一された国家」とは根本的に違うということを理解していただくためである。吉野ケ里でいうなら、吉野ケ里遺跡そのものが一つの「クニ」ではなく、神埼郡（あるいは三養基《みやき》郡の一部まで）程度の範囲のなかで、小さな集落を衛星的に従えていた「クニ」の中心部であり、吉野ケ里連合の中心集落であった、ということである。

吉野ケ里は、当時のこのような「クニ」の、政治と経済ならびに宗教の中心としての役割を果たした所であり、その集落の成立から発展・解体までを、ひとつの遺跡だけで辿っていけるところに大きな特色がある。

いいかえれば、「わが国の一番最初の成り立ちを示す唯一の遺跡」であり、発見以来わずか一年で国の史跡に指定され、その翌年にはわが国文化の象徴としての、特別史跡に指定された理由もここにある。

特別史跡・吉野ケ里の案内板（仮整備の入口）

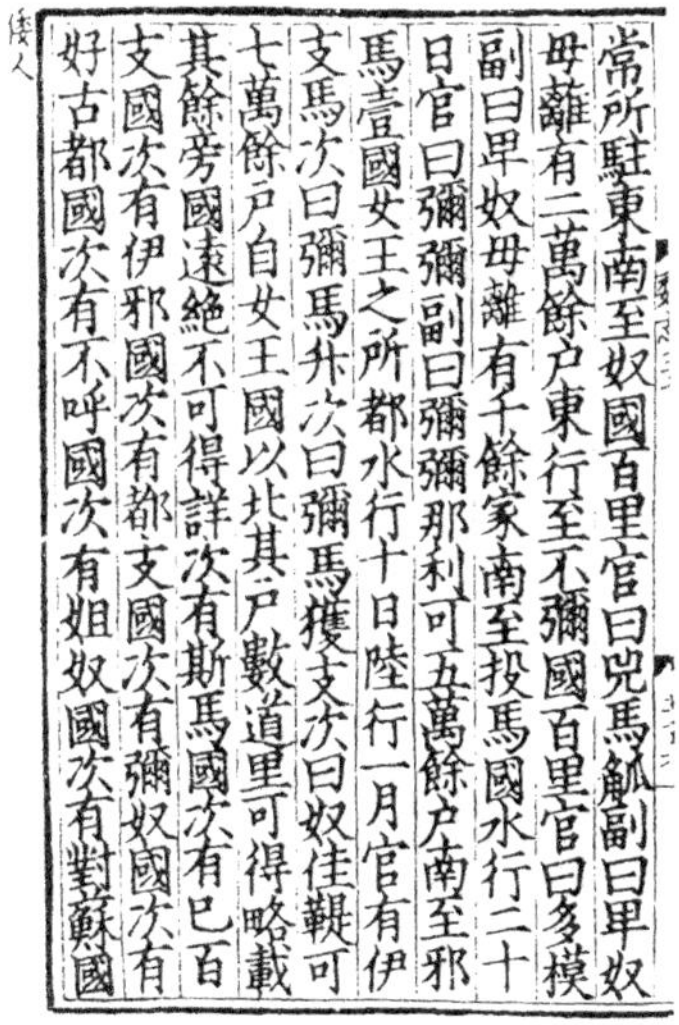

倭人

常所駐東南至奴國百里官曰兕馬觚副曰卑奴
母離有二萬餘戶東行至不彌國百里官曰多模
副曰卑奴母離有千餘家南至投馬國水行二十
日官曰彌彌副曰彌彌那利可五萬餘戶南至邪
馬壹國女王之所都水行十日陸行一月官有伊
支馬次曰彌馬升次曰彌馬獲支次曰奴佳鞮可
七萬餘戶自女王國以北其戶數道里可得略載
其餘旁國遠絶不可得詳次有斯馬國次有已百
支國次有伊邪國次有都支國次有彌奴國次有
好古都國次有不呼國次有姐奴國次有對蘇國

『魏志倭人伝』（南宋紹熙刊本）
邪馬壹（臺＝台）国の記述がみえる．

吉野ケ里の代名詞になった「物見やぐら」や「墳丘墓」「環壕」など、これらだけで弥生社会を語れるわけではない。これらすべてのものが一体となり、相互に連環されてはじめて当時の弥生社会の成立から発展までを辿って行けるわけであり、そういう意味では、これからの新しい発見によっては、吉野ケ里にまた新たな解釈が加わっていくことだろう。

余談だが、現在の考古学上の問題点をひとつだけ紹介しておく。

考古学では、弥生時代を大きく前期（紀元前三世紀～紀元前一世紀）、中期（紀元前一世紀～紀元一世紀）、後期（紀元一世紀～紀元三世紀）の三つの時期に区分している。

ところが、この時期区分が日本共通のものであるか、というとそうではない。たとえば、九州と関西の学者では、五〇～一〇〇年くらいのズレがある。時期区分の基準である土器によって随分と違ったものになるらしい。九州と関西では基準となる土器そのものが違っており、いまだに統一された考え方はないようである。じつはこの時期区分の考え方で、おもしろいできごとがあった。

整備のためのワーキングの席でのことである。吉野ケ里の変遷と内容についてまとめている時、高島氏や七田氏が「この遺構は前期後半のもので……」と説明すると、ある学者が「それはおかしい。時期のつじつまが合わない」と反論する。高島氏が「いや、ちゃんと合うんだ」といっても納得しない。なんのことはない、弥生前期後半とか中期とかいう言葉でやりとりしているために、高島氏や七田氏が考える年代と、ほかの学者が考える年代にズレがあっただけで、本当は同じ時期のことをいっているのである。公開のシンポジウムなどでも同じことが起こるため、時間を割いて、わざわざそのための説明をしたりすることがある。

本当に人騒がせなことだ。自分たちにしか理解できない言葉や時期区分、考え方ではなく、遺跡は市民のものだから、誰にでも分かるような努力をしてほしい、と思うのだが、学問の世界はそんなに単純で甘いものではない、と叱られそうなので、この話は別の機会に譲ることにしたい。

邪馬台国が見えてきた

吉野ケ里のもう一つの大きな特色は、いうまでもなく、中国の史書『魏志倭人伝』に記された「邪馬台国」の姿を、はじめて本物の遺構として私たちに見せてくれたことであろう。

この邪馬台国論争については、「日本の学者は、なぜああまで邪馬台国の所在地にこだわるのか。一種の謎解きゲームではないのか」と不思議に思っている人も多いと聞く。たしかに、学者だけではなく、邪馬台国については一般市民まで巻き込んでの論争がこれまで何回も繰り返されてきた。しかし、なにも謎解きゲームだけを楽しんでいるわけではない。邪馬台国がどこにあったかによっては、日本のクニの成り立ちを解明する上で、まったく違う結果になる可能性があるのである。つまり、邪馬台国は、わが国の成り立ちを解明する大きな鍵を握っている問題、といっても過言ではないだろう。

邪馬台国については、全国で九〇か所以上もの候補地があるといわれているが、基本的には「近畿説」と「九州説」である。ここで、この論争に対する意見を述べるつもりはないが、吉野ケ里の発見によって、この邪馬台国論争に新たな火種を提供したことだけは間違いない。

そういった意味において、吉野ケ里は社会的関心を引き起こした、という点においても、貴重な遺跡であるとされている。

悪戯心に溢れた高島忠平氏は、九州の交通の分岐点といわれる「鳥栖《とす》」――吉野ケ里から東へ三〇分程の町であるが――からタクシーに乗った時、「邪馬台国へ行ってください」といったら、ちゃんと吉野ケ里まで連れて行ってくれた、というのが自慢である。同じことを奈良県でやったら、「どこですか」と聞き返されてしまったそうだ。別に自慢することでもないと思うのだが……。

保存への道のり

マスコミと保存運動

一人よがり遺跡

報道発表された朝、一九八二年（平成元）二月二三日の佐賀県庁内では緊急の会議が招集され、対応が協議された。細かい内容については知らされなかったが、発掘調査の成果がまだ明確にまとまっておらず、遺跡の学術的価値がどれくらいのものか、軽々に判断はできない、しばらく様子を見てみよう、ということだったらしい。

なにしろ報道発表されること自体、私たちのだれ一人として知らなかったのだから、詳しい説明資料など準備しているはずがないし、ましてや、わが国を代表するような学者の意見も、詳細にはまとまっていない段階だったのだから当然のことだろう。

ここで問題なのは、まったく次元の違う、というよりあきれてしまうような話が聞こえてきたことである。だれが言い出したのかはわからないが、「文化財関係者がこの遺跡をどうしても残したくて、マスコミと結託した」というのである。

その槍玉にあげられたのが、当時の文化課参事高島忠平氏であったことはいうまでもない。ここではっきり断言しておくが、そのような事実は一切なかった。高島氏の心のなかには発表したい気持ちはあったかもしれないが、いや、あっただろうが、事実は本当に無根である。いやしくも県の行政に携わる職員である。文化財のことだけを考える研究者とは違うのだ。保存したいといえば、そのことによって県が抱える莫大な財政負担や、県の行政に与える事業進捗への打撃の大きさは計り知れない。そうはいっても、あのような、県全体を左右するような状況のなかでは、そういう話がでてきても、仕方のないことだったのかもしれない。

このような、俗にいう庁内での「犯人探し」は、マスコミ報道がなされたその日の午前中には早くも始まっていた。「遺跡を残したいから文化課の職員がリークしたに違いない」「いや、直接ではなく、国の研究者を扇動したのだろう」。噂が噂を呼び、私たちはある意味で「裏切り者」の烙印を押された。

似たようなことはいつでも起きる。たとえば県のある計画が、途中でマスコミに流れ報道されると、「誰だ、犯人は」となる。自分たちの仲間、同僚をいかに信用していないかということを、自分たちで暴露しているようなものなのに、かならずはじまる。しかし、その人を見つけだして、一体どうしようというのだろう。たしかに責任は問われるべきであろうし、注意を促し、反省させることも必要であろう。

だがそれよりも大切なのは、その時の混乱・難局をいかに乗り越えるか、ということであり、そのためにすべての知恵と力を集中すべきではないのだろうか。犯人探しなどをやっている暇があるのなら、今後どうするかを考えたほうがよっぽどいいに決まっている。ましてて、吉野ケ里《よしのがり》に関しては、もちろん「犯人」など身内には存在しないのだ。「過去のことではなく、これから自分がなにをするべきか」。吉野ケ里の保存活用を考えるにあたって、私たちが一番最初に肝に命じたことはこのことであった。

吉野ケ里は、県勢浮揚をかけた工場団地造成計画のためには、正直いって、あってはならない遺跡だったのである。したがって、マスコミ報道がされてからもしばらくは、「どうせこの騒ぎはすぐ治まるだろう」「二〇〇〇年も前のことが分かったからといって、それがなんになるの、県民が求めているのは豊かな生活だ。遺跡なんか、なんの役にも立たないじゃないか、金が落ちるわけでもなし」。こんな声が県庁内ではあちこちから聞こえていた。

そして名づけていただいたのが、「貴重かなにかは知らないが、ようするに教育委員会だけがはしゃいでいるんじゃないの、吉野ケ里じゃなくて、教育委員会の〝一人よがり遺跡〟だよ」。上手い！　と思わず拍手喝采したくなるようなネーミング、皮肉にも私たちには大受けだった。

しかし、犯人探しはバカげているとしても、たしかに工場団地計画に携わってきた人たちにとっては、まさに晴天の霹靂、平静でいろ、という方が無理だったろう。当時、この計画に携わっていた人たちについては、また後ほど紹介してみたい。

マスコミのこと

吉野ケ里が報道発表されてからのマスコミの反応は凄まじく、最初に報道したのが朝日新聞とNHKの二社だけだったため、県政記者の怒りの声が集中した。課内に押しかけ、課長席・参事席を取り囲んで、怒号に近い声で詰め寄る記者の姿が多くみられた。

県庁には、県政記者クラブというのがあって、十二、三社のマスコミが常駐している。そして、県でなにか大きな行事があったり事件があったりすると、基本的にはそれを担当

白熱する記者会見（1989年3月）〈佐賀新聞社提供〉
事務所倉庫の一隅が記者会見場となった．

現場倉庫を使っての緊急仮展示（1989年2月）〈佐賀新聞社提供〉

する課、あるいは直接関係のある課がその内容を広報公聴課を通して、記者クラブに公表するシステムになっている。県の行事や事件については、あくまで公平に発表する、という考え方からである。ところが、マスコミ側には特ダネを取りたいという願望がつねにある。そのため、特別用事もないのに県庁内で「なにかないか」と探している記者の姿の絶えることがない。

このようなシステムのなかで、吉野ケ里の第一報は、県政記者クラブのだれもが知らないうちに朝日新聞の第一面を飾ることになり、ＮＨＫでは全国ニュースのトップを飾ることになったのだ。県政記者クラブの記者たちにしてみれば、たしかにこれ以上の屈辱はないだろう。正式な記者発表の要求とともに、記事が朝日とＮＨＫにだけ流れた経緯に対する説明と謝罪の要求で、とても仕事をできる雰囲気ではなかったことを覚えている。

しかし、一方で、普段のマスコミの方々の取材の方法や考え方に、ある種のとまどいや反発を感じていた私は、少し冷めた目でそういう光景を見ていたこともたしかである。

県政記者クラブの記者たちは（というよりマスコミ関係者は）、つねに特ダネを狙っている。時には勇み足の報道がされる場合もあるし、表面だけで、その奥にある事実関係や因果関係などはなにも報道されない場合も多いが、私たちがなにより望んでいるのは、スピードではなく確実な情報なのである。もちろんスピードも早いにこしたことはないが、少し遅れてでも、正確な情報と正しい分析を流してくれた方がどれだけいいか分からない。

吉野ケ里の場合も、最初に報道された内容より、一日遅れてだされた他のマスコミの記事の方が、内容も豊富で、より真実に迫っていた。それは、私たちがきちんと説明し発表した内容だったからであり、事実関係がたしかだったからである。

ただ、マスコミ側から見れば、当然、また違った考え方があるだろう。記者個人の努力によって他より早く得た情報は、当然特ダネとして記事にしたいだろうし、記者たちが自分の力を示す方法は、ある意味では特ダネ探ししかないのかもしれないからだ。このような記者個人の苦労は理解できるにしても、私たちにしてみれば、やはりなにより欲しいのはより正確な情報であり、早さはそのつぎ、といったところなのだが、この辺で話を本題に戻したいと思う。

だがひとつ、これだけはどうしても言っておきたい。それは、「報道の自由」という言葉の意味についてである。話を長くするつもりはないので、一言だけ私の考えをいえば、「自分が報道した内容には、きちんと責任をもってこそはじめて自由といえるのではないか」ということだ。自由という意味を勝手に使って、なんでも書いていいというものでもないと思うのだけれど、マスコミの皆さん、いかがでしょうか。

生死を左右する発見とマスコミ

先送りされていた吉野ケ里の保存か開発かの問題は、報道発表からわずか一週間後に急転する。見学者でごった返すなかで進められていた最後の調査区域である墳丘墓の調査で、三月二日、甕棺《かめかん》（北部九州独特の大型土器の棺）のなかから、把頭飾付有柄銅剣《はとうかざりつきゆうへいどうけん》とガラス製の管玉《くだたま》が出土したのである。

この時点で、マスコミとの間にはすでにルールができ上がっていて、「発掘調査の成果については、毎日一六時から現場事務所で発表する。したがって、調査現場への立ち入りは遠慮してほしい」という私たちの要請を、マスコミも理解し、遠くからカメラを墳丘墓の方に向けて待機している状態が続いている最中のことであった。

この発見はすぐマスコミにも公開され、その日の夕方のテレビのニュースには、カメラのライトに照らされて美しく光輝く、ブルーのガラス製管玉と把頭飾付有柄銅剣とが鮮やかに映し出されていた。

当時のことを振り返る時、発掘責任者の七田《しちだ》氏は「これでなんとか保存してもらえるかもしれない」と思ったという。墳丘墓からのこの出土品は、考古学的にはもちろん、吉野ケ里の生死を左右する、まさに運命の鍵となる発見だった。

墳丘墓全景（吉野ケ里丘陵地区Ⅴ区）

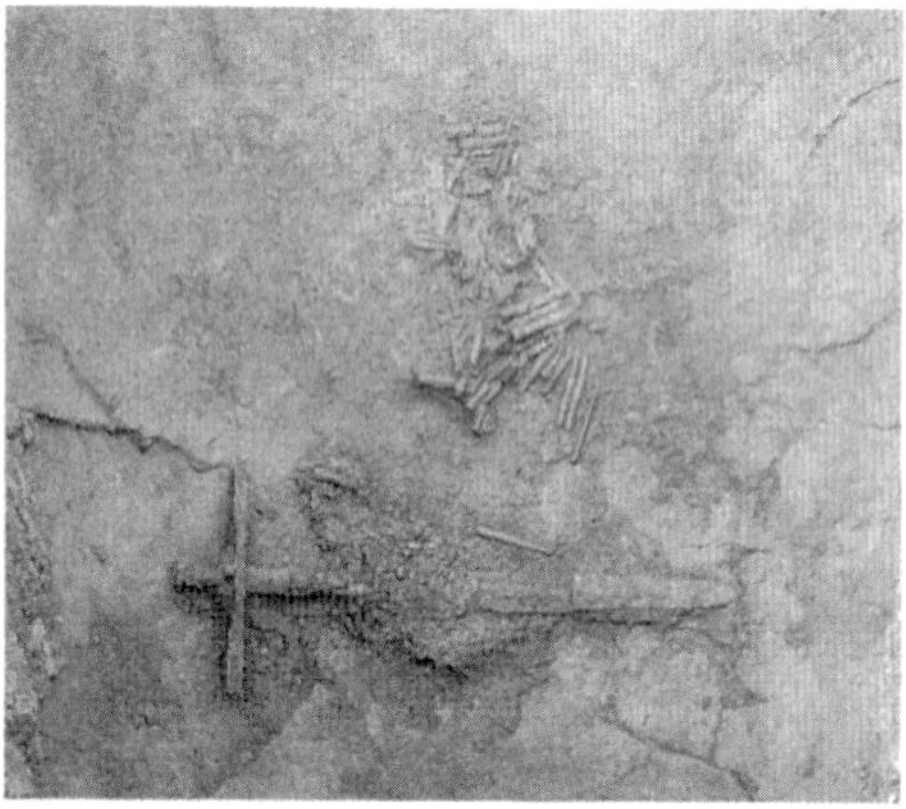

把頭飾付有柄銅剣・ガラス製管玉出土状況

「墳丘墓からは目を放すな」吉野ケ里に張りついていたマスコミ関係者の間にはこんな合い言葉があった。そんなおり、ひとつの事件が持ち上がる。

詳しい時期は覚えていないが、まだ墳丘墓の発掘調査が継続していた時であった。もう日も落ちかけて、辺りに夕闇が迫ってきたころ、突如として調査員の車が集結し墳丘墓の回りをヘッドライトが明々と照らし始めた。「すわ、新しい発見か」、墳丘墓の周辺で待機していた報道関係者が、職員の制止する声を振り切って墳丘墓に殺到する。

「来ないでください」「来たらダメだ」必死に止めようとする調査員と、「なにが出たんだ」「隠すな」。突入する報道関係者との間で怒号に近い声が飛び交い、一部では小競り合いまで起こりそうな、険悪な気配が漂った。

それから三分後、墳丘墓の周辺は大爆笑に包まれる。なんのことはない、調査員の一人が夕闇の中でコンタクトレンズを落としただけだったのである。それにしても、テレビなどで事件関係者などが報道陣にモミクチャにされるシーンをときおり見かけるが、これほど凄まじいものとは……。

吉野ケ里のおかげで、こういう体験をなんどもさせてもらい、そのことがいい意味でいまに繋がっていると思う。

墳丘墓の発掘により、吉野ケ里を巡る動きは一気に保存へと傾きはじめた。マスコミの報道はさらに熱を帯び、ついに調査員の私生活にまでカメラが入るなど、少し異常とも思える特集合戦が続いた。食事の間も電話の対応に追われる調査員の姿、深夜におよぶ調査資料の整理のため寝不足になった顔のアップ、しまいには、調査責任者七田忠昭氏の親子二代にわたる吉野ケ里との関係など、彼らは一躍時代のヒーローに祭り上げられた。

しかしそんな彼らの陰で、表舞台には決してでてこない、多くの人々の姿があったことを知る人は意外に少ない。

吉野ケ里の功労者

今でもまだ、吉野ケ里の功労者は佐賀県教育委員会の職員、それも当時の文化課職員だと思っている人が多い。それはとんでもない誤解である。表舞台にはでてこないものの、吉野ケ里を支えてきた人たち、その数は私ではとても把握できないほどの人数に上る。それこそ官民問わず、じつに多くの人々の手によって吉野ケ里は現在に至っている。

だれが一番の功労者などとはとてもいえないのが正直な気持ちであり、またいう必要もないと思うのだが、そのなかであえて取り上げるとすれば行政関係者である。といっても教育委員会関係者ではない。当時、吉野ケ里に計画されていた工場団地建設に携わっていた開発部局の職員だと私は思っている。

教育委員会関係者、特に高島氏や七田氏を中心とする発掘担当者は、私生活にまでテレビカメラが入るなど、時代のヒーローとして取り上げられた。地元新聞社の文化賞なども受賞し、吉野ケ里の担当者というだけで私まで注目されたこともある。壊される運命にあった遺跡が思いもよらず保存されることになったのだ。そのための仕事がつらかろうはずがない。徹夜しようが毎晩夜中になろうが、疲れたなどとは言えないのである。

ところが、開発部局のスタッフにしてみれば、これほどつらい仕事はない。全精力を注ぎ込んで、ただでさえ人気のない佐賀県に企業を誘致するため、それこそ時には徹夜で働いてきたのである。それが一夜にして灰燼に帰した。数十億の予算を注ぎ込んだプロジェクトが、完成間近で流れた後始末の苦労。金額的な問題はもちろんだが、それよりも精神的な苦痛がいかほどのものか、想像を絶するものに違いない。

吉野ケ里遺跡の保存で世間が騒いでいるなか、開発部局の担当職員たちは、それこそ寝る間もなく後始末に追われていた。彼らの苦労がなければ、私たちもまた吉野ケ里の保存事業に専念することはできなかった。しかも彼らのミスでもなんでもない。世間からは、ともすれば開発行為が犯罪のようないわれ方までしながら、彼らの未来のない仕事は延々と続いたのである。

世の中には光に溢れた場所もあれば、闇に隠れた場所もある。吉野ケ里は、まさに世のなかの光と影を同時に作り出した、決して喜ばれるだけの存在ではなかったのである。

保存運動――ありがたさと迷惑と――

吉野ケ里が一躍有名になったと同時に、もう一つ急速に盛り上がった運動がある。「吉野ケ里遺跡の全面保存運動」である。じつはこの運動は、吉野ケ里丘陵の工場団地造成計画が公表された時点ですでに始まってはいた。しかし、何分発掘調査も行なわれておらず、吉野ケ里遺跡の正確な内容がほとんど分からないなかでの保存運動は、いまひとつ迫力に欠ける状態であった。

吉野ケ里の発掘調査が公表されると同時に、この全面保存の運動は急速な高まりを見せる。それまでは吉野ケ里の存在さえ知らなかった人たちが、吉野ケ里全面保存会の署名運動に積極的に参加するようになり、あっという間に一〇万人を超える署名が集まったと聞く。その主催による吉野ケ里の講演会なども頻繁に行なわれ、日本でも著名な考古学者がつぎからつぎへと佐賀を訪れ、講演や遺跡の説明会などを行なった。これらの運動が、吉野ケ里の保存に向けての大きな推進力になったことは事実である。

しかし一方では、強引な動きも数多く見られた。全面保存会の要望は、弥生時代を中心

吉野ケ里遺跡の周辺風景
復元された物見やぐらより（上）北側（下）南側を望む.

とする遺構だけではなく、遺跡の北側に存在する奈良時代の遺構まで含めて、吉野ケ里丘陵全体を保存してほしい、というものであった。この運動は、県が弥生時代の遺構を中心に約二二㌶の保存を決定してから今日に至るまで、今もって続いている。文化財関係者としてはありがたいことではあるが、一方で首を傾げたくなるところがないわけでもない。

吉野ケ里の地は、昔から佐賀県を支えてきた農村地帯である。農村の命は土地である。それゆえに、私などの想像をはるかに越えた「土地」への思い入れが地元の人々にはある。その想いのすべてである「土地」を手放した地元の人々の心情は、それこそわが子を失ったのと同じくらい、複雑で寂しいものがあったと思う。「農業が行き詰まった現在、自分たちの子や孫のために、働き場所を確保してやりたい。工場団地なら、雇用の場も確保して貰えるだろうし、先祖伝来受け継いできた大切な土地ではあるけれど、思い切って手放そう」。地元の地権者の方々は、それこそ身を切られるような思いで決断された方が少なくない。

これに対し、全面保存の運動をされている方は、その辺りのところをどこまで考えておられるのだろうか。しかも、全面保存をした場合、その後の整備とその財源、さらには活用策についてはすべて、県が責任を持って行なえ、という要求である。

文化財を守るという行為は素晴らしいものであるし、その気持ちには敬意を表するが、「守りましょう」というだけなら簡単である。先に述べたが、言論の自由というのは、言ったことに自分で責任を持ってこその自由だと私は考えている。これからの自分の生活の拠点である土地を手放した人の心情を考えるとき、私には、自分の生活の安定の上にアグラをかいて、遠くから「守りましょう」「遺跡の保存をしましょう」と叫ぶ行動だけはできない。実際に整備計画作りに着手してからも直面する問題であるが、批判するなら、あるいは自分たちの要望を要求するならば、その根拠と同時に、自分ならどうする、という建設的な意見を明確に述べるべきであろうと思う。

全面保存を行なうことによって、土地を手放した人たちの生活の根拠をどうするのか、全面保存をした場合、その場所をどう活用していくのか、その財源はどうするのか。それを考えるのが県庁の仕事だ、という主張があるが、それは、私には少し違うような気がしてならない。その理由については、のちほど整備計画作りのなかで述べたいと思う。

保存とはなにか

文化財管理係

一九八九年（平成元）四月、吉野ケ里の保存への動きが高まるなか、ちょうど年度がわりの時期を迎え、とりあえずの新しい体制が組まれることになった。といっても、すでに人事構成や組織については固まった後であり、文化課のなかで、担当をどのように配置するか、という程度である。

当時、吉野ケ里の発掘調査を担当していた調査二係のスタッフはそのままに、保存整備に向けての事業を文化財管理係が担当することになった。この時、なにを間違えたのか文化財管理係長の椅子に私が座り、管理係は二年目の職員が一人と一年目の職員が二人の、計四人の担当ということになった。

パンクするのは時間の問題といわれながら、なにも知らない新人の強みを逆手に取って、事務の能率化・簡素化（手抜き化？）を図り、ある意味でのスタッフ制に職務を分担したのが功を奏し、三人の管理係スタッフは大車輪の活躍をする。そのおかげで私はといえば、ただただ吉野ケ里の仕事を、一担当としてこなしていけばよかった。実質の管理係長は不在のまま、管理係の本来業務はすべて三人の担当がじつに見事にこなしてくれたのである。

学校現場から異動で文化課に来たばかりの彼ら三人（犬塚・藤光・横尾氏）。役所の煩わしい文書や決裁の方法、予算の使い方など、だれでも覚えるのに少なくても二、三年はかかるというのに、この三人は自分たちでカバーしあってきた。今では三人とも学校現場に帰って教師をしている。

この三人がいなかったら、管理係の本来業務はもちろん、吉野ケ里の仕事さえうまくいかなかったかもしれない、と心の底からそう思う。そしてこの彼らとの繋がりが、「世の中、どんなにコンピューター化されようと、素晴らしいオーソリティーがいようと、一つの仕事として成功するかしないかは、すべて〝人の和・人の輪〟にかかっている」という、いってみれば当たり前のことの大切さを実感させてくれることになったのである。

このようにして、吉野ケ里の保存整備事業の担当が決められ、整備・活用の計画作りをすることになった。まわりからは、一躍花形になったね、などと冷やかされたが、私のなかではとんでもないことになった、という気持ちしかなく、その気持ちは次第に大きな不安へと膨らんでいった。なにしろ考古学は素人、ましてや遺跡整備も素人、そんな人間になにができるというのか。

高島忠平氏との出会い

当時、遺跡整備はまだ全国的にあまり行なわれておらず、考古学者や文化財関係者の間でも「遺跡はなにもせずに土を被せて保存しておくべきだ」という考えが強かった、そんな時代である。遺跡整備のノウハウを書いた本もなければ、実際整備に携わった人も数少ない時であった。しかし、やらねばならない。そのためにはなにを勉強すべきか、思い悩んで相談にいったのが当時の高島忠平参事だった。

今でこそ、高島氏と私は随分古くからの付き合いのように思われているが、文化財課の職員の中でも、私と高島氏の付き合いは短い方である。それでも、私たちを知っている人のほぼ一〇〇%は、二人は切っても切れない関係の名コンビのように思っている人も少なくない。なかには、高島あっての納富であり、高島が居なくなれば納富の存在価値もない、などと皮肉めいたことをいう人もいる。ようするに、私には本当はなんの力もなく高島氏

展示室で説明する高島忠平氏

移設された久保泉丸山古墳

に繋っているだけだ、ということなのだろうが、私はなんとも思っていない。人間として好きな人は好きなだけである。もちろん、高島氏と意見の食い違いもあり感性も違う。正直って好きになれない部分もあるが、人と人との繋がりとはそんなものだと思う。

高島氏は、大学卒業後、奈良国立文化財研究所に勤務し、平城宮跡などの発掘調査に携わった後、佐賀県に入った人間である。佐賀県に入った理由は、当時、九州横断自動車道の発掘調査により発見された「久保《くぼ》泉丸山《いずみまるやま》古墳」の取り扱いのためだった。結局、古墳を丸々移築するという、当時ではとんでもない計画を作り、それを実現させた男である。その後、佐賀県の文化財行政にさまざまな新風を送り、一種伝説的な人間だったらしい。

私が一九八六年（昭和六一）に文化課に入ったときには、県立博物館の副館長というポストにあり、時々噂は聞くものの、直接話をしたことなど一度もなかった。二年後の一九八八年、彼は参事として文化課に異動してくる。

彼が文化課に来て一週間ほどしたとき、私は一緒に車で県内へ出張した。当時彼は車の免許を持っておらず、助手席にどっかと腰を下ろして、とりとめもないことを話していた。私の運転は、人にいわせれば暴走運転、私にいわせればキビキビとした運転で、普通の人が一緒に乗ると、隣で黙りこくってしまうような運転だったが、彼は平然としていた。大物、というより普通の人より神経が鈍いだけなのだろうと、なかばあきれていたのを思い出す。

車の中で聞く彼の話はおもしろかった。とりたてて、なにかのテーマについて話したわけではなく、本当にとりとめもない話だった。しかし、その話のなかに、いろんなヒントがたくさん含まれていたように思う。考古学や文化財に関する私の素人質問にも、彼はきちんと答えてくれた。

彼が県の文化財行政の要で、考古学界でも日本の重鎮の一人に数えられているほどの人であるとは露ほども知らず、私にはただ、いろんなことを話してくれる先輩みたいなものだった。その気持ちは、彼が全国的に有名になった今でも変わっていない。

もっとも、私の接し方があまりにも無礼なので、外部の人から「高島さんに対してそんな口を聞いていいんですか」などとお叱りを受けることもあり、ほんのちょっぴりの反省と、彼の寛容さに甘えての毎日が続いている。

雑学のすすめ

「吉野ケ里の整備活用の計画作りなんて、私にはできませんよ。なにをどうすればいいんですか。勉強の仕方も分からないし……」

私の質問に高島氏はこう答えてくれた。

「遺跡整備にはマニュアルはない。まず大切なのは、自分が心からその遺跡を好きになること。そして、誰のための整備なのか、なんのための整備なのか、それを自分自身でしっかり理解することだ」

そんなことは分かっている、といおうとしてハッとした。当たり前のことのようだが、このことをしっかり考えている人は意外に少ないということに気がついたからだ。すでに整備されている遺跡を見学に行って、感動や楽しさが伝わってこないのは、だれのための遺跡整備なのか、なんのための遺跡整備なのかを真剣に考えず、表面だけの整備に終わってしまっているからではないのか。

この一言は、遺跡整備の計画作りを進めるなかで、最初から最後まで、計画全体を左右する大きな意味を持っていた。しかし、残念なことにこの時点では、私にはボンヤリとしか、その意味の本当の重大さは分かっていない。

「取り組む姿勢は分かったけど、具体的になにをどうすればいいのか分からない」

困惑して尋ねる私に、高島氏が次にいったことは、この一言だった。

「雑学をせい！」

なんということだろう。こちらは吉野ケ里の整備計画作りの進め方を真剣に聞いてるのに。私は短気だから、すぐ心の動きが顔色に出てしまう。彼は笑いながら言葉を続けた。

「おまえは確かに考古学の専門家ではない。また、行政マンでもない。だからこそできることがあると思わんか」

「……」

「遺跡整備とはなんだ？　私が考えるのは、吉野ケ里にかぎらず、遺跡整備とは別の言い方をすれば地域作りそのものということだ。遺跡だけをいくら立派に整備しても、その地域に溶け込んでいなければ、遺跡だけが浮くか、あるいは沈み込んでしまう。

地域の特性は固有のものであり、他では真似できない。当然一つ一つの遺跡も、表向きには同じに見えても、先人たちがその地で生きてきた痕跡なのだから、一つ一つにそれぞれ個性があり、特性があり、その内容は違っている。だからこそ、遺跡整備には共通のマニュアルは存在しない。いや、マニュアルを作ろうとする方が無理だろう。

マニュアルに左右されない独自の発想、既成観念にとらわれないユニークな発想、時には突飛と思われる発想が必要なんだ。そして同時に、市民の立場に立った、言い換えれば見る立場、利用する立場に立った視点が必要なんだ。

お前の強みはそれだ。お前に生活や仕事に直接役立つような知識がどれくらいあるのか知らんが、少なくともうちの課のなかでは、一番好奇心旺盛で、愚にもつかないようなことやなんの役にも立たないような情報はよく知っている。一市民の立場から、どんな遺跡であってほしいのか、どんな地域作りを行ないたいのか、その考えを単純にぶつければいいんだ。

そのために、もっといろんな情報を身につけろ。本でもいい、スポーツでもいい、遊びでもいい、自分自身の感性を磨くことをやれば、きっといつか役に立つ時がくる」

ほめられているのかけなされているのか、はたまた、力づけられているのかあきらめられているのか分からないが、「やってみよう」、そういう気持ちになったことは事実である。遺跡整備にかぎらず、なにをやるにしても、人間遊び心が大切だ、という高島氏の持論は、いまや私自身の持論にもなっている。

最近話題になっている青森県の三内丸山《さんないまるやま》遺跡、福岡県の平塚川添《ひらづかかわぞえ》遺跡の整備計画作りにさいして、私のところに担当者の方がよく見える。そんな時決まって聞かれるのは、「吉野ケ里のモットー、あるいは仕事をしている時のモットーはなんですか」ということである。私は決まってこう答えている。「遺跡の合い言葉は吉野ケ里で遊ぼう、私自身のモットーは、遊びの合間に仕事をする、ということです」と。最初は不思議そうな顔をされる。

人によっては不真面目な奴だ、と露骨に非難の顔をされるときもある。しかし、いろんな話をするなかで、しだいに理解してもらえるようになることも少なくない。私がいう「遊び」という言葉の持つ意味を分かっていただけたときだ。

その反面、相手が考古学の専門家の場合には、なかなか理解して貰えないことが多い。無理もないと思う反面、考古学に携わっている方々はまじめすぎるゆえに、自分たちで自分の限界を作っているような気がして、少し残念な気もする。

ズボラで有能

高島氏はどういう人ですか。よく私のところにこんな質問がくる。あらためてそう問われてみると、答えにこまる。

間違いなく、普通の行政マン・公務員ではない。考え方・発想がムチャクチャである。ムチャクチャだけど、よく考えてみると、決して間違っていない。かといって、普通の考古学者でもない。慎重、ということが考古学者にとって常識、あるいは美徳だとすれば、そんなカケラはこれっぽっちもない。ある時、七田氏がこんなことをいっていた。

「私たちが調査して見つけることができなかった遺跡の特色を、絶対ある、といい張る。調査した私たちがないと言ってるのだから、あるはずがない、と反論しても、いやある、といってきかない。仕方がないから図面を見直したり、調査箇所の再点検をすると、不思議なことに本当に見つかることがよくある。これは多分、つねに遺跡全体を見ているから分かることであり、私たちみたいに調査地点だけしか見ていない人間には分からないことだろう。最初は困惑するけど、大事なことを教えて貰っているような気もする」と。

たしかに、つねに大きな視点、幅広い視点を持っていることは認めるが、時にはまったく逆で、小さなことを言ってくることもある。まことにもって摑み所のない人間である。

ある時、某新聞の記者と、例によってコーヒーを飲みながら話をしている時、おもしろい話を聞いた。

「納富さん、理想的な上司像ってどんなだと思う？」

「理想的ねぇ。良くわからんなぁ」

「いいことを教えてやろうか。といっても、自分も人から聞いた話だけど、人間を四つのタイプで考えてみるんだって。その分けるタイプがおもしろいんだ。〝まじめで有能〟〝まじめで無能〟〝ズボラで有能〟〝ズボラで無能〟、この内、上司の理想像は〝ズボラで有能〟だということらしいよ」

これは確かにおもしろい。〝ズボラで有能〟ということは、小さなことにはこだわらず、イザという時には自分が責任を持つ。だから、基本的に仕事は部下に任せる、というタイプなのだろう。この「任せる」ということを本当にできる人は少ない。つねに「責任」という言葉が頭から離れない人には、まず絶対無理である。

そう考えてみると、高島氏は〝ズボラで有能〟なのだろうか。そこまで格好いいとは思わないけど、文字にすると残るから、そういうことにしておこう。ちなみに、一番困るタイプは、〝ズボラで無能〟ではなく、〝まじめで無能〟なのだそうだ。

一歩先行く

墳丘墓の発掘調査終了後、吉野ケ里を取り巻く情勢は一段とあわただしくなっていった。六月に入って、正式に遺跡の保存が決定、同時に、保存後の遺跡の取扱いについての緊急ミーティングが毎日のように招集され、つぎからつぎに、決して枯れない泉のように溢れ出てくる問題と課題、それに対応する業務の山。

なにしろ、高島氏お墨付きの「知識不足」、こうなったらせめて「知恵」それも「悪知恵」で勝負するしかないと腹を括ってはみたものの、浅学非才《せんがくひさい》の上に潜在的な能力まで不足している私はただオロオロするばかりの毎日。対処療法的な取り組みが、いつか破綻するのは時間の問題と思われたが、そんな私に貴重なアドバイスをしてくれた人がいた。当時の文化課長だった武藤佐久二《むとうさくじ》氏（現監査委員会事務局長）である。

打合せがすみ、とりあえず資料作りを終えて、例によって体の二倍もある椅子に沈み込んでタバコを吸っていた私に、武藤氏が話しかけてきた。

「どうかね、仕事の方は……」

「はあ、なんか気ばかりあせって、なかなか思うように進みません」

「私も若いころ、同じ時期にいくつもの仕事が重なって、今でいうパニック状態になったことがあるよ。その時は必死で、回りのことなんか見えなかった。あなたも今は必死になってるから、私がこんなことといってても無理かもしれないけれど、頭のどこかにおいていてくれたらいい。

　なにか一つの仕事が入ったら、まずなにから始めよう、とする前に、その仕事の全体を考えてみなさい。仕事というのは、必ずそれに付随していろいろなことが絡んでくる。その時になって、場当たり的にやっていると、いつかつじつまがあわなくなって、迷路に入り込んでしまうことがよくあるもんだ。だから、まず自分なりにその仕事の最終目標を確認し、その目標に向かってのフローを考える。次に、フローのなかで関連してくるであろういろいろな問題や課題を、とにかく思いつくだけ上げてみる。そこまで考えてみた上で、なにから始めればいいのか、次になにをすればいいのかを頭の中に持っていれば、仕事に追われる感じだけは少なくなると思うけど」

考えてみれば当たり前のことかもしれない。どこの職場でも同じようなアドバイスはあるだろう。しかし、その時の私にとって、これほど力づけられる言葉はなかった。

いわれること一つ一つがまさに反論の余地なし。目の前の問題にばかり気を取られて、その問題が起きた背景や根源を考えようともしないやり方では、まさしく対処療法。見かけだけはカッコいい資料ができても、内容は実におそまつ、なんの解決にもなっていない資料が山積みされるだけなのだ。

つねに、今あることの一つ先を考えて……。この言葉は、以来、私の頭の中から離れたことはない。かといって、私自身がそれをきちんと実行できているかどうかは別問題だが、つねに一歩先行く、ということは決して忘れないようにしたいものだ。

遺構の保存と仮整備

文化財保存活用区域

紆余曲折を経て、最終的に保存が決まった吉野ケ里遺跡の区域は、工場団地造成計画予定地約六八㌶の内、弥生時代を中心とする主な遺構が集中する区域約二二㌶である。

この保存区域の決定については、先述したように、工場団地計画を全面中止しすべて保存してほしい、という市民団体などからの強い要望もあったが、開発と文化財保護との調整もまた重要なことであり、最終的に文化財サイドとして取り纏めた区域案が確認された。同時に、文化庁に対しても、当初の記録保存から、中心部約二二㌶を保存することになった経緯と今後の取り扱いについての説明を行い、大方の了解を得た。

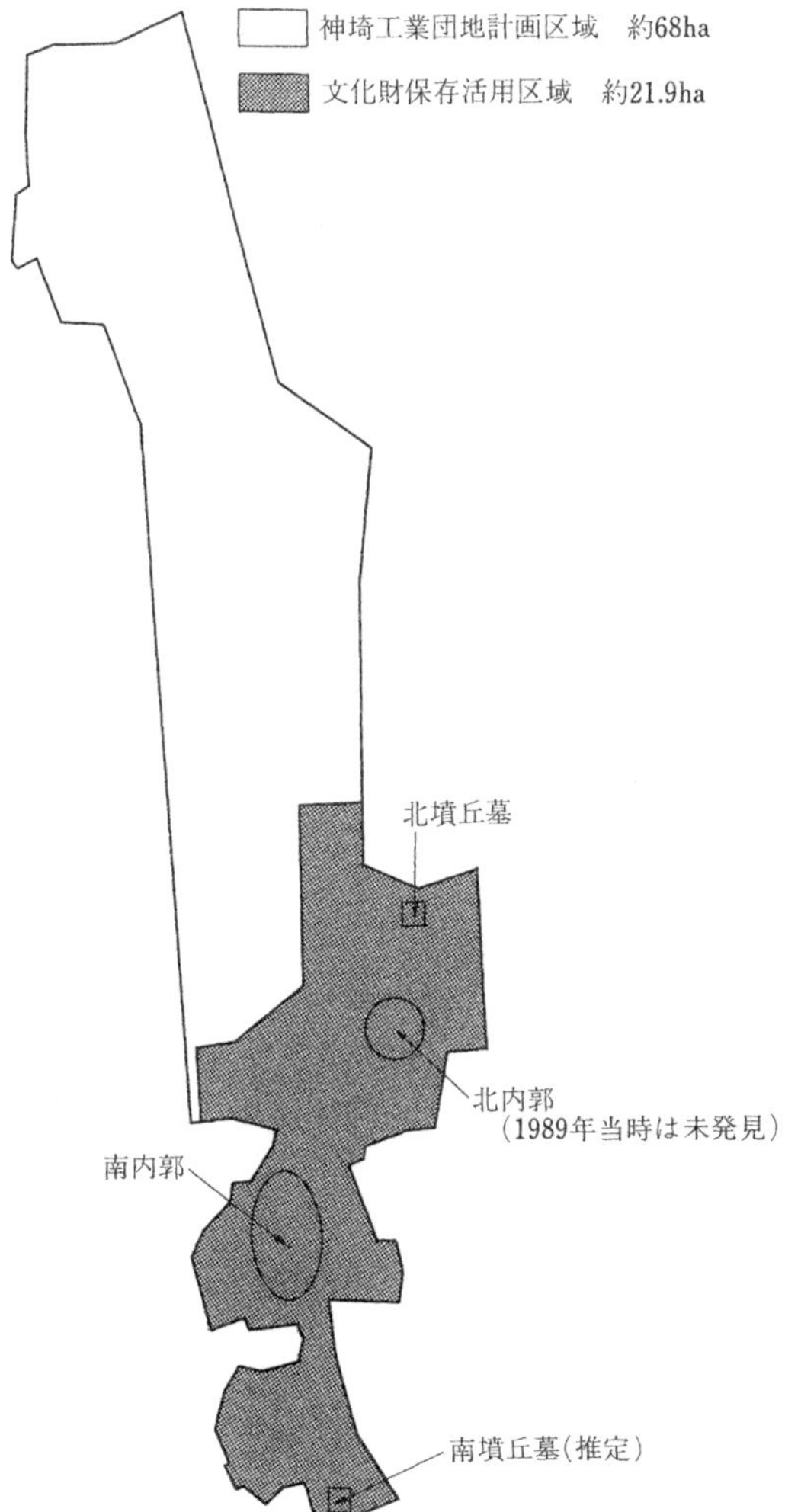

文化財保存活用区域図（1989年6月決定）

なにを根拠にした線引きなのか、疑問を持つ方も多いと思うが、一口でいうなら、弥生時代のクニの中心部を構成する特色ある施設が集中する区域、いいかえれば、吉野ケ里遺跡をもっとも特徴づける遺構が集中する区域ということである。

当時、この区域については「狭すぎる」と不満を訴える市民の声も多かったが、私たちとしては「よくこれだけ認めてもらった」という気持ちでいっぱいだった。

保存区域決定後、いよいよ本格的な保存整備へのスタートを切った。その主な柱は、以下の四点である。

○発掘調査のまとめと今後の調査方針
○遺構保存方針と仮整備（ショートゴール）
○本格的な整備・活用計画の策定（ロングゴール）
○上記に伴う財源対策

しかし、この時点では吉野ケ里専属の係がなく、二つの係からの選抜、いいかえれば急造のプロジェクトチーム、まさしく寄せ集めの集団による取り組みであった。そのため、連絡に齟齬《そご》を来したり、だれの受持ちなのか分からず同じことを別々にやったり、あるいはだれもやっていなかったり、という事態がしばしば起きた。なにしろ、取り組む内容すべてがスタッフ全員初体験。どこかにノウハウを尋ねたい、と思っても全国にも例がないという。

事態を打開するためには、スタッフ全員の共通認識と全体の作業フローの共通理解が必要だ。私たちは、時間を見つけては話し合いを繰り返した。ともすれば「会議」というものは、時間ばかり食って、結局なにも決まらずにストレスだけがたまってしまうことがよくあるものだが、私たちには時間がなかった。当然会議も短時間集中方式になる。おかげで私たちは、「会議」というものは、論点をはっきりしておけば、きわめて短時間ですむものだということを知ることができた。とかくお役所の会議というものは長いだけで、なにも話していないことが多い。

しかし、寄せ集め集団の会議はむずかしい。話の内容が、専門的な遺跡の内容から、きわめて事務的なもの、さらには未知の世界のことまで雑多なものだから、果たしてだれがどこまで理解しているのか、まったく分からない。それが終わってみれば、それなりに皆理解しているのである。なぜだろう。私が思うに、仕事だからやってる、ではなく、自分でやりたい、と思ってるからではないだろうか。

専門職員には事務的なことはよく分からない。事務屋には専門的なことはほとんど分からない。分からなくてもいい、仕事だからという義務感でやるのではなく、一人一人が、吉野ケ里を本当に好きになること、そしてまず、自分ならどうしたいのか、という主体的な考えを持つことによって、ディテールではなく、問題の本質的な柱を見抜けるようになるからではないだろうか。

本末転倒

会議、というよりは「打合せ」の結果、以下の手順が確認された。まず、吉野ケ里遺跡の内容をきちんと把握するため、発掘調査の概報をまとめること。これは、遺跡整備の基本中の基本であり、これがなくてはすべての作業は進まない、当たり前のことである。ところが、全国の事例を見てみると、意外にこれがないことが多い。遺跡整備について相談に見える方々と話をしていると、よくこのことに気づく。

遺跡整備をする場合、その遺跡が持っている特色や独自性をどう表現するか、ということより、何を復元するか、復元の方法をどうするか、というハード面が先行し、その後、どうすれば人が来るか、どうすれば観光資源になり得るのか、といった行政的な考えが先に立ってしまっているケースがままあるのだ。

行政として取り組む以上、ある面ではやむを得ないかな、と思うこともある。なにごとも税金で仕事をやっている以上、できるかぎり多くの人たちが利用できる場にしたい、そ

吉野ヶ里遺跡の発掘調査概報

う思うのは当然であろう。しかし、遺跡の似て非なるものを作り上げ、そこでなんでもいいからイベントを行なって、集客を狙う。それだったら、なにも遺跡の上で行うことはない。それこそ、なにもない土地を使って、人目を引くような世界の遺跡の模型かなんか作って、今はやりのテーマパークにでもした方がよっぽどおもしろいに違いない。

なぜ遺跡でやるのか、なぜ遺跡の姿を復元するのか、そこのところをきちんと押さえていなければ、わざわざ高額な資金を使ってまで、遺跡整備なんかやらない方がましである。遺跡の内容を無視して、集客だけに走る考え方は本末転倒としかいいようがない。

ただ、ここで断っておきたいのは、だからといって遺跡整備は、専門家のためのものではない、ということである。一見矛盾するようないい方だが、この辺がむずかしい。簡単にいえば、整備にあたっては、きちんとした根拠とポリシーを持つこと、そして活用のためのソフト計画（市民の方々が自由に集い楽しめる方策）をハードの計画と同時に進めることが重要であろう。

じつは、このことについては、遺跡の仮整備を行ない、さまざまなイベントを実施してきた私のなかで、現在になって新たな課題となっている。後ほど、遺跡整備の基本計画作りのなかであらためて述べてみたいと思う。

つぎに取り組んだのは、遺構の保存と仮整備についてである。保存が決まった文化財保存活用区域について、とりあえず遺構保存のための盛土を行なうとともに、本格的な整備までの暫定措置として仮整備を実施することとなった。

遺構保存はむずかしい

ここで、遺構保存の方法について少し話をしておきたい。現在、吉野ケ里遺跡は仮整備され、発掘当時の穴ぼこだらけの状態はまったく見ることができない。遺跡に見学に来た人々や考古学が好きな人からは、よくこんな話を聞く。「発見当時の穴ぼこだらけの状態が良かった」「今のように復元してしまったら面白くない」「樹脂かなにかで固めて、発掘当時の遺構を見せてほしい」。

たしかに私たちも、発掘当時の、あの穴ぼこだらけの迫力は忘れられない。できることなら、あの状態をお見せしたいとも思う。しかし、残念なことに、現代の科学技術を駆使しても、発掘当時の遺構を露出したままで保存することは不可能なのである。なにも処理をせずに、そのままにしておけば、太陽や風雨によって、あっという間に遺構はボロボロになってしまう。

それでは、樹脂かなにかを浸透させ、遺構をそのまま固定することはできないのか。じ

吉野ケ里遺跡の仮整備中心部

つはこの方法については、東京国立文化財研究所で実験が進められている。吉野ケ里でも、研究所から専門のスタッフに来てもらい、試験施工を行なったことがある。しかし、結果は見るも無残なものだった。樹脂が浸透した表面は固まるものの、浸透していく深さには限界がある。どんなに多量に樹脂を浸透させようとしても二〇〜三〇チセンの深さにまでしか浸透せず、しだいに浸透した所と浸透していない所の境界に亀裂が生じ、最後には樹脂が浸透した部分だけまとまってブロックのように崩壊してしまう。ある意味では、なにもしない時よりも被害は大きくなってしまったのである。

この樹脂による固定法は、土質や土の強度だけではなく、日照時間や温湿度、風の強弱、さらには伏流水の関係に至るまで、じつに多くのそして細かいデータが必要とされている。これらのデータが仮にすべて揃った上で、その土地に合う樹脂を開発したとしても、現実には完全に固定するのは不可能に近いらしい。

自然の営みは、人間のちっぽけな知恵や情報では太刀打ちできない複雑で、深淵なものだ。計算どおりに風が吹くわけでもなければ、計算どおりに雨が降って、計算通りに地下水が流れて行くわけでもない。樹脂固定法のむずかしさがここにある。

それではつぎに、遺構の上に屋根をかけてしまう、いわゆる覆屋《おおいや》方式はどうだろうか。

これは現在では、全国でもすでに相当試みられている。じつは吉野ケ里でも墳丘墓に設けていた時期があった。遺構は発掘当時のままで（簡単な表面処理を行なうケースもあるが）、その上にスッポリと屋根を掛け、太陽や風雨から遺構を守ろうとする方法である。これなら、遺構にそれほど多くの影響はあたえないとされているものの、吉野ケ里の墳丘墓では、二年たらずで撤去し、結局遺構は埋めてしまうことになった。理由は、遺構面にカビが発生したり、湿度管理はしていたもののボロボロになって、遺構面崩壊の危機が数か所発生したからである。

もっとも、吉野ケ里の場合は、あまりにも特殊な要因が作用した、ともいわれている。というのは、一九八九年（平成元）十月に覆屋を設置して以来、撤去する平成三年の秋まで、二年の間に遺跡を訪れた人の数は約三五〇万人を超える。単純に割り戻しても、一日当たり五〇〇〇人の人が、開園時間の八時間の内に、入れかわり立ちかわり訪れたことになる。これでは、入り口の扉は常時オープンの状態であり、エアカーテンも温度・湿度管理もなんの役にも立っていないのと同じである。

カビや雑草の類いは、人の衣服に付着して侵入してくる。一日五〇〇〇人もの人たちが毎日毎日訪れるとしたら、その侵入を防ぐ手立てはない。まさか、無菌室みたいに手足ま

発掘当時の甕棺墓列
（志波屋四の坪地区）

撤去された墳丘墓の覆屋 〈佐賀新聞社提供〉
銀色の輝く外観は，どうみても景観を疎外している．

でスッポリ隠した無菌服に着替えてもらうわけにもいかず、どうしようもなく覆屋を撤去、し、保存のために埋め戻したのである。

覆屋方式によるもう一つの問題は、遺跡の景観の問題である。

遺跡整備は、「遺跡環境整備」といってもよく、当時の施設の復元だけではなく、遺跡環境全体の復元が最も重要視される。覆屋方式は、遺構の上に屋根を掛けるため、どうしても大々的な施設になってしまい、極端な場合には、完全に遺跡の景観を破壊してしまうことにもなる。さらに、どうしても覆屋を掛ける面積が限定されるため、遺構の広がりが遮断されて、ちっぽけな空間だけの施設となってしまう。最近では、需用が増えて来たこともあってか、覆屋のデザインも随分と進歩してきたようだが、遺構の広がりを遮断してしまうマイナス面は、いかんともしがたいだろう。

このように、露出保存、覆屋方式による保存には、まだまださまざまな課題・問題があり、発掘当時の穴ぼこだらけの様子が、あの迫力が見たい、とおっしゃる方には誠に申し訳ないが、遺構保存のためには、完全に埋め戻す方法も、やむを得ないという事情をご理解いただきたいと思う。

勇気に支えられた仮整備

遺構保存のための埋め戻しはやむを得ないこととはいえ、埋め戻してしまったら、それこそただの原っぱである。遺跡を見たい、と全国から訪れる人々のために、本格整備までの間、なんとか吉野ケ里の様子を見せてあげたい、そのためになにをするか。

私たちの結論は、吉野ケ里の最も特色ある風景を仮に復元し、遺跡の概要を理解してもらうため、「仮整備」を実施することだった。私の記憶が正しければ、遺跡の整備で、仮整備などを実施した所は一か所もない。しかも、整備の基本となる遺跡調査のまとめもきちんとはできておらず、仮整備する財源の確保もできていない、そんな状況のなかでの考えであった。

佐賀県は、農業立県であり、これまで観光地としての評価はあまり高くなかった。わが国の磁器発祥の地としての「有田《ありた》」、九州でも有数の温泉地である「嬉野《うれしの》」などいくつかのポイントはあるものの、県全体として観光立県をめざすには今ひとつ迫力がなかった。もっとも、資源的に不足していたわけではなく、昔からいわれている佐賀人のPR下手が大きな原因になっていたのかも知れない。

それが、吉野ケ里が発見されてからというもの、佐賀を訪れる人の数が倍増どころか何

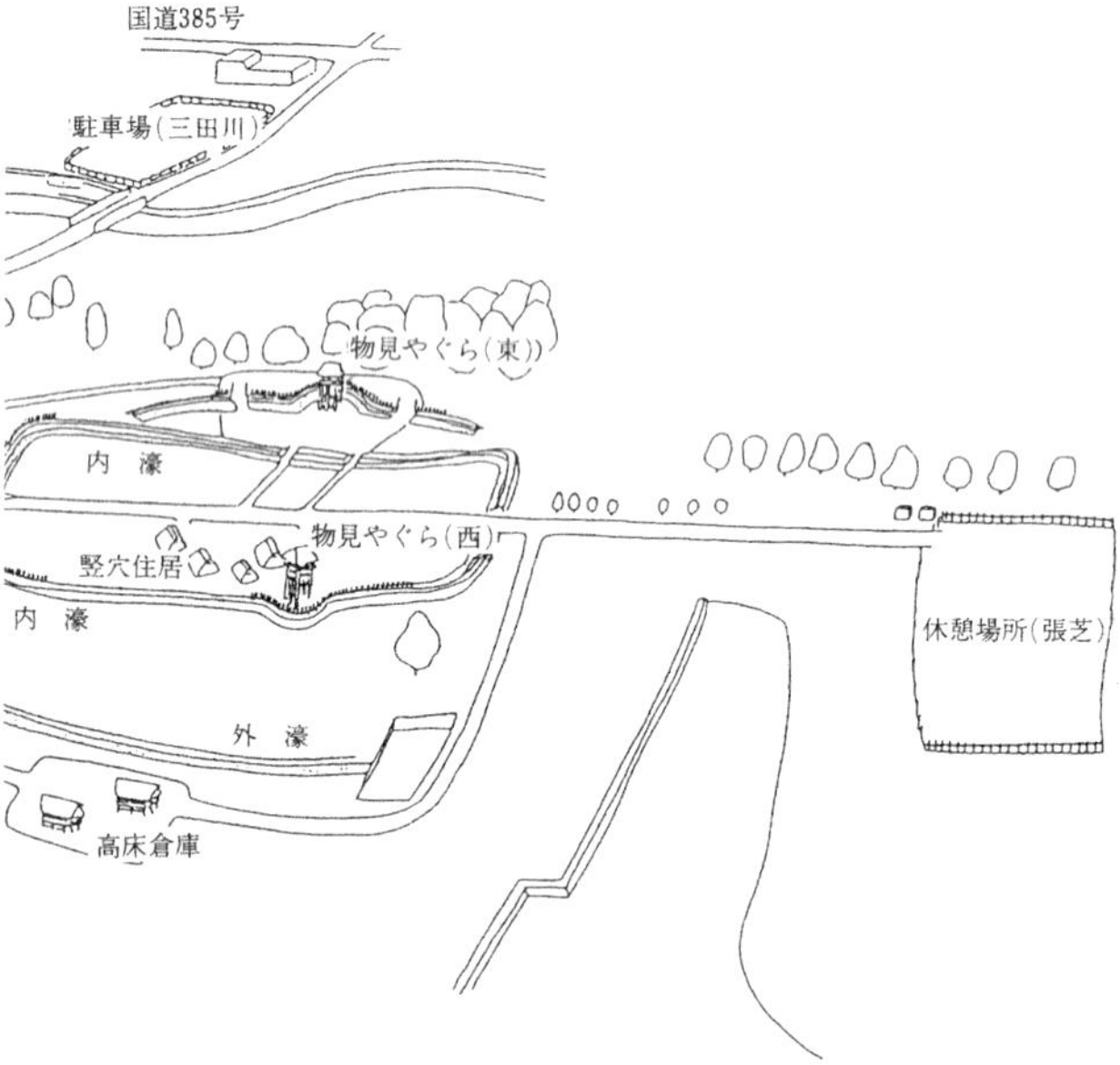

況見取図（西方より）

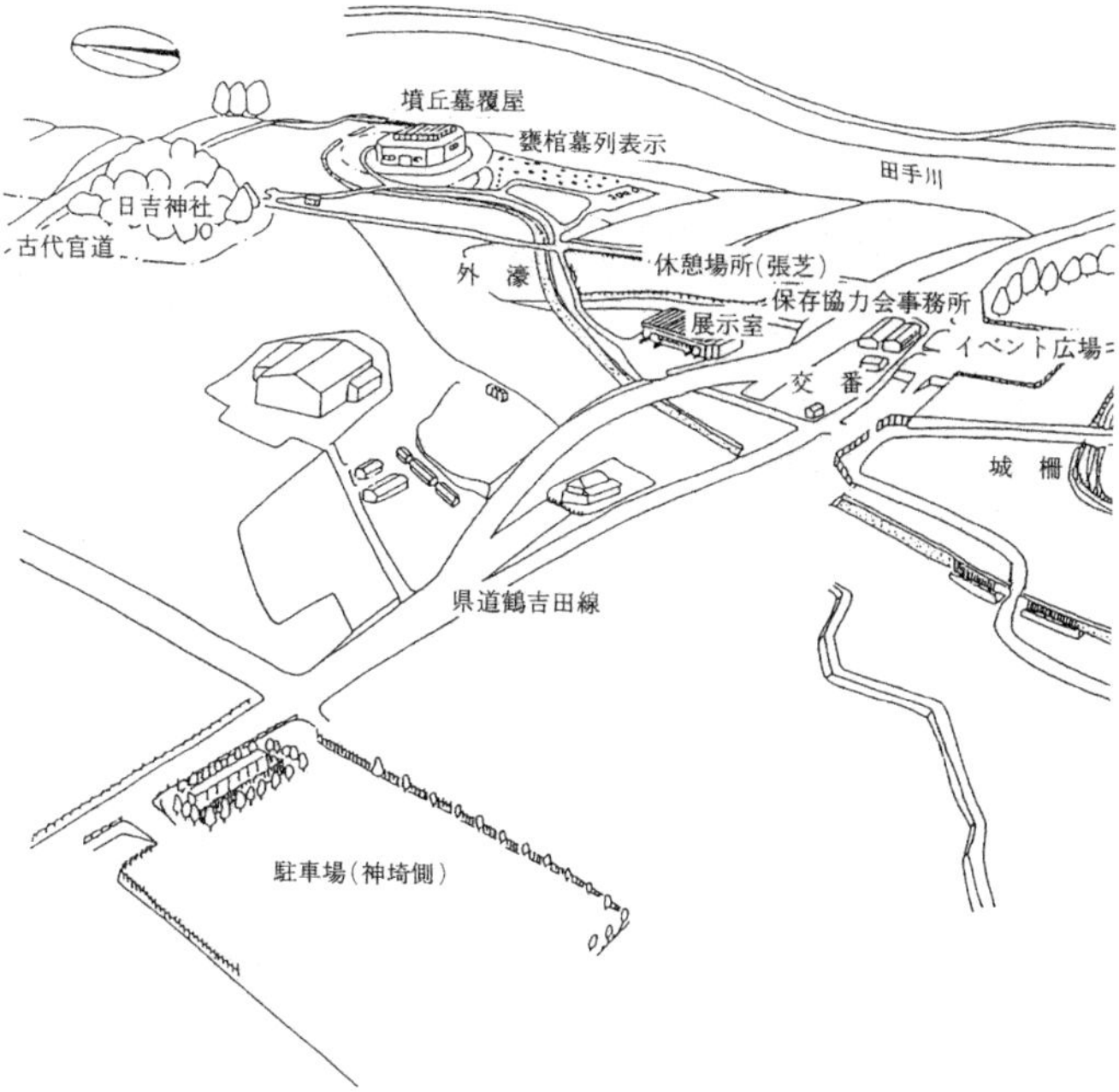
墳丘墓覆屋
甕棺墓列表示
田手川
日吉神社
古代官道
外　濠
休憩場所(張芝)
保存協力会事務所
展示室
イベント広場
交　番
城　柵
県道鶴吉田線
駐車場(神埼側)

吉野ヶ里遺跡仮整備状

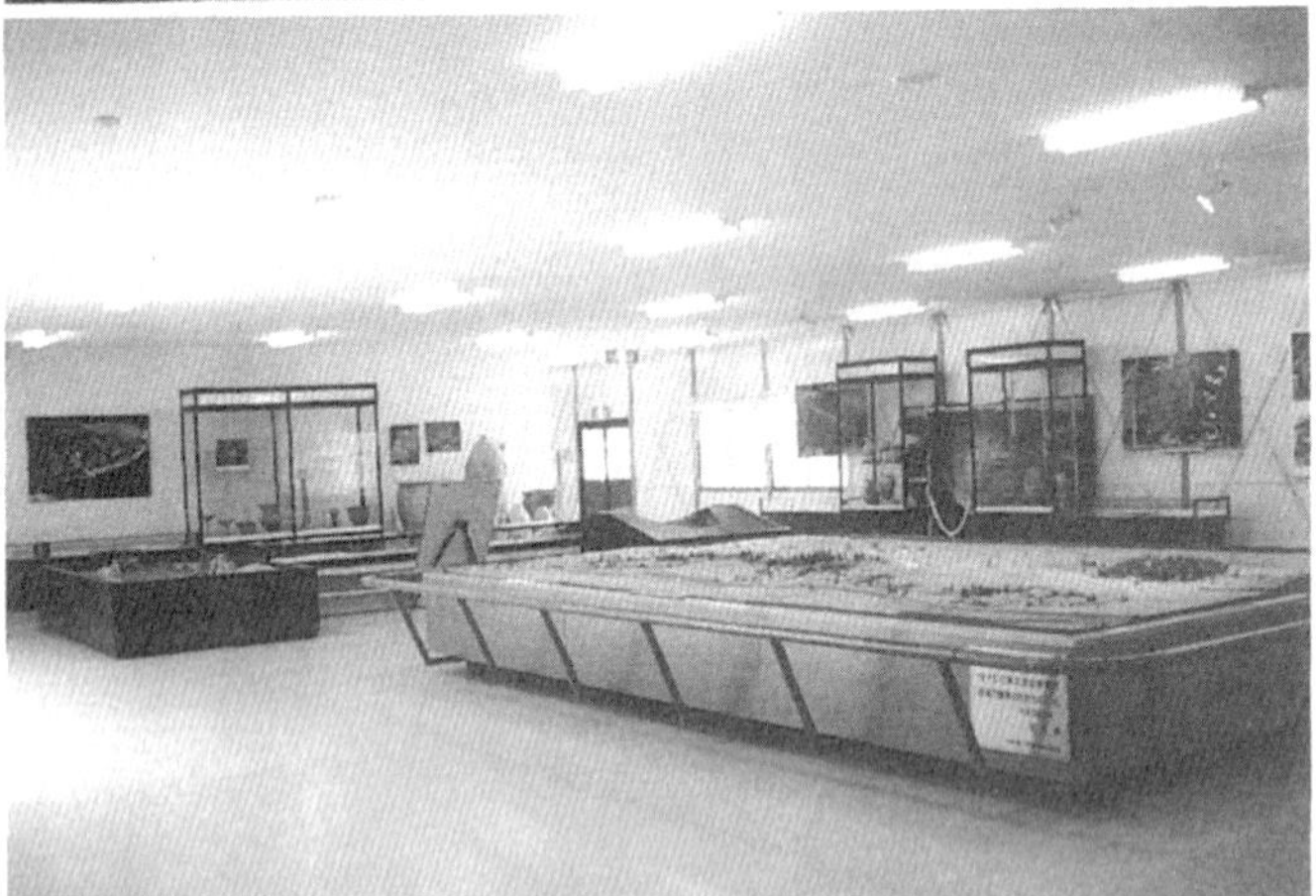

出土遺物など資料の展示室（外景と内部）

倍増にもなったのである。それも多額のお金を使ってPRしたわけでもなんでもなく、吉野ケ里がマスメディアによって報道されただけなのだから、佐賀にとってこれほど魅力のある資源はあるまい。特例ともいえる予算充用が認められ、一気に仮整備へと進んでいった。竪穴住居四棟、高床倉庫二棟、物見やぐら二棟、環壕城柵の一部、墳丘墓の覆屋展示、そして出土遺物を展示する資料室。しめておよそ三億円。遺構保存のための盛土に要した経費と合わせると、六億円にもなる、仮整備というにはあまりにも巨額な経費を要する計画であった。

近年になって、遺跡整備が全国各地で行なわれるようになってきたが、事例調査という名目で、吉野ケ里の仮整備についての問合せが多くなった。そのなかで決まって尋ねられるのが「仮整備の中身についてでは、どこの部局がどういう形で行なったのか」ということである。最初私は、その質問自体の意味がよく分からなかったが、聞いてみると、吉野ケ里と同じ事例の場合、すなわち、大規模な開発計画に伴う文化財調査の結果、重要な遺跡が発見され保存が決まった場合、その遺跡の整備については、文化財サイドというより、その県あるいは市町村の公園整備事業として取り組まれることが多い。したがって、事業主体が教育委員会と公園部局とに跨がっているケース、あるいは公園部局に主体があるケースが多いというのだ。

こうなってくると、たしかに、整備主体を果たして教育委員会が持てるかどうか、非常にむずかしくなってくる。

吉野ケ里の場合には、このような問題は起こらなかったように思う。保存が決まってから、いや、決まる前から、文化財として保存するなら、その事業主体は教育委員会の文化財サイドで当然という、暗黙の了解があった。一時、県の企画部局で、という声もあったようだが、結局、遺跡整備は遺跡の理解がなにより大切であり、そのためには教育委員会に任せるより仕方がない、という結論に落ち着いたようだ。

県庁の幹部間ではいろいろな話もあったようだが、私たちは、自分たちでやるもんだ、と最初から思っていたし、そのことに疑問を感じることもなければ、まわりからとやかくいわれることもなかった。したがって、全国からの問合せには正直いって面食らうことが今でも多い。

いずれにしても、吉野ケ里の仮整備については、私たち教育委員会の文化財サイドで計画を作り実行に移した。仮整備について、一部個人的に専門家の意見を聞いたり、設計をお願いしたことはあったが、委員会を開いたり、あるいはコンサルタントに委託したりしたようなことはない。いわゆる、職員の手作りの仮整備であった。

そして、この仮整備の計画を実行できたのは、当時吉野ケ里に携わっていた県幹部の決断のおかげだと思う。だれかが、「いくら仮整備だからといって、こんなもの作っていいのか」なんてことをいい出していたら、おそらく短期間での仮整備は実現していなかっただろう。もし、私たちがやった仮整備が全国から非難されれば、その矛先は私たちにではなく、当時の知事や教育長に向けられる。そのことを承知の上で、私たちに任せていただいたことに対しては、今でも感謝している。

決断には勇気がいる。そして、その場合には、細かいことにまで指示を出したくなる。しかし、決断したなら、後は任せる勇気、この勇気も時には必要になる。小さなことには口を出さない、任せてしまう勇気が必要になる。吉野ケ里の仮整備は、まさにこの勇気に支えられた事業であった。

物見やぐらの復元

仮整備を進めるなかで、一番問題になったのは「物見やぐら」の復元である。

当時、復元想定図を発表した時、全国の考古学者あるいは建築史の研究者から猛烈な批判があった。その理由として、

物見やぐらの復元状況

(上) 東側物見やぐらより，西側物見やぐらの復元工事を望む.

(下) 復元された東側物見やぐら.

○弥生時代に、このような大きな掘立柱建物があるわけがない。
○建物の構造に問題がある。弥生時代には、貫《ぬ》きの技法は存在しない。
この二つが主流を占めていたように思う。

いいかえれば、前者は、大型掘立柱建物自体が弥生時代に存在するか否か、という建物自体の存在を疑問視する声であり、後者は、建物の存在は認めるものの、貫きという高度な技法は持っていなかった、という技術論、あるいは建物の構造に対する疑問の声であった。前者については、おもしろい話がある。

吉野ケ里に物見やぐらと思われる大型の掘立柱建物が存在する、とマスコミで報道されると、あれよあれよという間に、全国の弥生遺跡から、同じような事例が発表され始めたのである。これには、弥生時代には大型掘立柱建物はまだ存在しない、といっていた学者はもちろん、私たちも驚いた。「なんでいきなり出てくるわけ?」「まさか、ありもしない遺構をでっち上げしているわけでもないだろうに……」。

この疑問はすぐに解決する。じつは、吉野ケ里より後に発表されたいくつかの遺跡の大型掘立柱《ほったてばしら》建物跡は、なんと、吉野ケ里の発表前にすでに見つかっていた、というのである。どういうことだ。余計分からん、と思っている方も多いだろう。

ようするに、吉野ケ里の建物が大型掘立柱建物である、と発表される前までは、日本の考古学界では、「弥生時代には大型掘立柱建物は存在しない」というのが定説になっていたらしいのだ。『魏志倭人伝《ぎしわじんでん》』が伝える邪馬台国の記述にある「宮室・楼観・城柵を厳《おごそ》かに設け……」も、実際に遺構として見つからない以上、本当は幻の記述にすぎない、と考えていた学者も多いと聞く。したがって、発掘調査担当者の間では、「もしかしたら」という思いはあっても、従来の定説を打ち破るまでの自信と責任を持てなかったために、発表しなかった、と伝えられている。真偽のほどは定かではないが、吉野ケ里より後になって発表した遺跡の担当者から直接聞いた話であり、あながち嘘ともいえないだろう。

このような事例がつぎからつぎへと発表されるにしたがい、「弥生時代には大型掘立柱建物はまだ存在しない」という考えは、しだいに影を潜めていった。そして、批判の大部分は建物の構造論・技術論へと移って行く。

物見やぐらの構造と形

ここで、現在仮復元している吉野ケ里の物見やぐらの構造と形は、どうやって決めたのか、という問いにお答えしておきたい。

まず、形については、その基本となる発掘遺構、すなわち柱穴および柱痕の大きさと、柱と柱の間の長さなどを参考に、全体の大きさ・高さを推定する。つぎに、全国のいろいろな事例を調べ、最終的には、当時の人々が土器に描いていた建物の形などを参考に、全体を決めていったのである。ちなみに吉野ケ里の物見やぐらは、鳥取県の稲吉遺跡から出土した土器に描かれていた絵を参考にしている。決してあてずっぽう、一〇〇%いい加減でもないのである。それでは構造はどうして決めたのか。これはきわめてむずかしい問題である。正直いうと、考古学の専門家では手も足も出ない問題であり、現在でも、この建物の構造については調査研究中の段階である。

仮復元のための吉野ケ里の物見やぐらの構造については、当時、奈良国立文化財研究所に勤務していた宮本長二郎《ながじろう》氏に設計を依頼した。宮本氏は古代建築史におけるわが国の権威であり、その幅広い識見と温厚な人柄が高く評価されている方でもある。私たちが宮本氏を信頼しているのは、口先だけではなく、かならず建設的な意見を出して説明されるからだ。

物見やぐらの構造に反対されている学者に「ではどんな構造だったとお考えですか」と尋ねても、「よく分からない。が、貫きの構造はない」の一点張り、という人が少なくない。たしかに、現在残存している古代建築物を見てみると、貫きの構造を持った建物は、鎌倉時代以降のものしかない。

これに対し、宮本氏は、建物が伝わった中国で、南部と北部では建築様式がまったく違うこと、さらに、仏教建築とそれ以外の建物とでは、これもまた様式が異なること、などを一つ一つ例に上げながら、きちんとした説明をされている。

考古学の専門家ではない私は、ましてや建築史など門外漢だから、これ以上専門的な領域の説明はやめるが、どちらのいうことが理解できるか納得できるか、これは一目瞭然である。なにも私が吉野ケ里の担当者だからというのではなく、また、宮本氏に肩入れしているからでもなく、素人なりに自分で理解・納得できる説明は宮本氏の説明しかないのである。

この問題は、もちろん建物だけで論じてもなんの意味もない。当時の社会のなかで、その建物の持つ意味、あるいは機能・役割、そういうものが解明されなければ意味を成さないし、逆にいえば、その建物が存在していた社会そのものが解明されなければならないのだ。そういう意味で、吉野ケ里は今のところそれなりの説明がつく、と思っているのだがどうだろうか。

なお、この当時の建物復元については、現在、国と県が共同で「建物等復元調査研究」を行なっている。日本全国の事例はもとより広くアジアの事例まで収集し、まず集落論を展開、その後、建物等の構造や意匠の検討を行なおうというもので、日本では初の試みである。そのため全国に照会して、縄文・弥生・古墳、それぞれの時代の「主要集落遺跡」「大型掘立柱建物遺構」「建築部材出土例」を収集している。

建物は人間が使うために人間が作ったものである。とすれば、その建物がなぜ必要だったのか、なんのために使ったのか、その建物が存在した集落そのものから解明しなければ結論はでてこないだろう。とかく古代の建物については、発掘遺構からその大きさだけが取り沙汰されているが、背景となる集落論を忘れての議論は意味があるまい。

もっとも、この調査研究の結果によっては、現在復元している物見やぐらの形状もすっかり変わってしまうかもしれない。仮にそうなれば、吉野ケ里の風景としてすっかり定着し、シンボルにまでなっているだけに、かなり複雑な心境である。

話が少し長くなったが、吉野ケ里の物見やぐらはこのようにして、宮本氏の設計により二棟が復元されることになった。

しかし、現地に行ってみた方は分かると思うが、実際巨大な建物である。屋根の一番上までの高さが一二メートル、人が上る欄干までの高さが六・五メートル、支える柱は直径五〇センチ、長さは地下埋設分まで入れると一三メートルにもなる。完成した時には、さすがの私たちも「これは大きすぎるのでは……」と、正直思ったものである。

後日談だが、復元されたこの建物に対しては、当然賛否両論、さまざまな意見が私たちに寄せられた。それが、ある時を境に否定する意見がピタッと止まる。奈良県の唐古《からこ》・鍵《かぎ》遺跡から楼閣土器が発見され、吉野ケ里の物見やぐらよりはるかに立派な、しかも屋根飾りまでついた建物が描かれていたからだ。

この発見以来、吉野ケ里には、「もっと立派な建物にしてもよかったのでは」という意見が相次いだ。それも、研究者からである。応援部隊が増えたことについては大変ありがたかったが、反面、そんなにコロコロ変わっていいのかな、という気持ちもあった。

歴史、特に考古の世界では、新しい発見のたびに、それまで考えられていたことが覆され、別の視点に立たなければならなくなることが多いと思う。それを素直に受け入れるのか、あるいは従来の、自分の考えに固執するのか、簡単な問題ではないにせよ、一度は考えてみる柔軟な姿勢は必要だと思う。

これは、考古学の世界に限らず、世のなかすべてに共通することでもあり、既成観念にとらわれていては進歩は望めない、ということを教えてくれているような気がする。

遺跡整備の理想とは

威風堂々という言葉がピッタリの吉野ケ里の物見やぐらは、とにもかくにも、こうして現地に誕生した。いまや吉野ケ里を代表する風景として、すっかりシンボル化している。仮整備された遺跡全体の風景も、教科書をはじめ、観光ガイドブックやコマーシャルポスターに採用され、日本の原風景として全国に広まった。

しかし、吉野ケ里のこの仮復元は、全国の遺跡整備に微妙な影を落としている。なにがなんでも、立派な建物を復元すればよい、という誤った考え方が広まってしまっているからだ。少なくとも私たちは、吉野ケ里遺跡の全体像を考え、そのなかで、建物の意味や集落のあり方を考えて行なったつもりである。それがいつの間にか、立派な建物を復元することが遺跡整備だと勘違いされてしまっている。これは大きな問題である。他の遺跡を批判するわけではないが、たとえば、奈良県の唐古・鍵遺跡にしても、遺構とはまったく別のところに、土器に描かれていた立派な建物がそれだけが復元されている。

最近発見された青森県の三内丸山遺跡でも、大きな柱穴と柱痕が見つかっているが、高さ一五㍍もの建物を仮復元したようである。たしかに、その遺跡を最も特徴つけるもの、あるいはシンボリックなものを復元する、というやり方もあるだろうが、そのためには、

物見やぐらの遠景

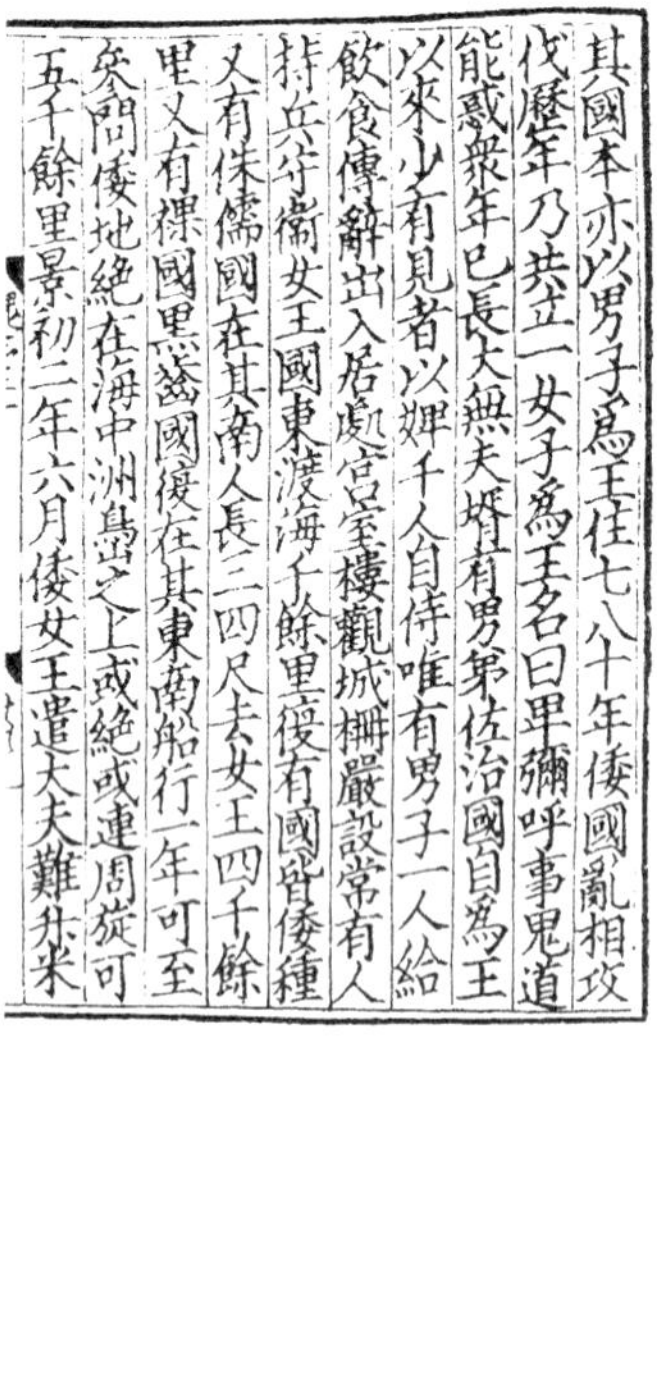

其國本亦以男子為王住七八十年倭國亂相攻
伐歴年乃共立一女子為王名曰卑彌呼事鬼道
能惑衆年已長大無夫壻有男弟佐治國自為王
以來少有見者以婢千人自侍唯有男子一人給
飲食傳辭出入居處宮室樓觀城柵嚴設常有人
持兵守衛女王國東渡海千餘里復有國皆倭種
又有侏儒國在其南人長三四尺去女王四千餘
里又有裸國黒齒國復在其東南船行一年可至
參問倭地絶在海中洲島之上或絶或連周旋可
五千餘里景初二年六月倭女王遣大夫難升米

『魏志倭人伝』（南宋紹熙刊本）
「宮室・楼観・城柵を厳かに設け……」
の記述がある.

やはりその建物の存在理由が明確でなければならないと思う。

大きさや立派さや、そんなものを競い合うのは無意味である。遺跡が私たちに語りかけてくるもの、遺跡が私たちに教えてくれるもの、そういったものに、もっと真摯に耳を傾けるべきではないだろうか。

こう書くと、遺跡というものをこんな姿にしたのはお前たちだ、とお叱りを受けるような気がするが、たしかに、吉野ケ里仮整備が全国にあたえた影響は悪影響の方が多いかもしれない。

ただ、言い訳ではなくこれだけは自信を持っていえる。それは、私たちが他の模倣ではなく、自分たちで考え自分たちで判断して行なってきた、ということである。したがって、当然責任も自分たちにある、と思っている。

遺跡整備の理想形なんてものは、多分存在しないのだろうが、整備する目的はなんなのか、もっとも基本的なこのことを、私ももう一度考えてみたいと思う。

整備と活用のために

本格整備へむけて

遺跡の仮整備とあわせて、私たちは、本格整備に向けての取り組みを開始した。基本的には、委員会の設置、基本計画策定のためのコンサルタント委託、それに先進地調査が主な内容である。ただし、私たちが行なってきた保存整備活用計画作りの一部始終を述べるつもりは毛頭ない。全国どこでも、それぞれの独自性のもとに計画作りが行なわれており、なにも吉野ケ里《よしのがり》の計画作りが優れている、とは思わないからだ。

囲い込んでいいのか

ここでは、私たちがなにを考えなにを悩み、そのためになにをしたか、という、その事実を紹介してみたいと思う。なかには、遺跡整備とは直結しないようなことを考えたりもしているが、それが〝吉野ケ里流〟とでも思っていただければ幸いである。

文化財の指定は、別の視点をとるならば、開発から身を守るための「囲い込み」である。少なくとも現状ではそうとしかいいようがない。だとすれば、遺跡整備などというものは、外圧から防御された空間で、それを前提に囲い込まれた内部の理論で環境を整える、いいかえれば好むと好まざるとにかかわらず、追い込まれた手段として選択されたもの、といわざるを得なくなる。これは本当だろうか。いや、少なくとも理論上はそうあってはならないかもしれない。たとえば、大規模リゾート開発計画が、地域社会との関係を無視する形での、同じような「囲い込み方式」を露骨に展開することへの批判は多いが、遺跡整備（あるいは歴史的環境整備）においても、外界との交渉を拒み、内部での極端な機能純化に固執するのであれば、結果として似たような状況になってしまうだろう。

九州芸術工科大学の岡道也氏は、このような状況をつぎのように語っている。

「地域との関係をほとんど考えないで、『わが城を守る』というだけの発想であれば、開発と保存の、極めて次元の低い縄張り争いに終始することになる。開発で痛めつけられた保存側にとっては、それは巻き返しのチャンスであり、復讐の意味が含まれていたのかもしれない。が、それでは、余りに悲しい」と。

さらに、つぎのように結んでいる。

「もともと狭い国土で、しかも人間居住に適した土地はさらに限られるわが国では、時間軸でも、空間軸でも重層的な土地利用が求められる宿命を背負っている。歴史的環境と現代の都市生活とは、至るところで厳しい競合関係に置かれる。それは単に、目先の利益を追うような経済活動だけでなく、行政施設や医療施設、各種の文化・福祉施設など、人々の文化・福祉の充実のための整備事業ともぶつかり合うことが少なくない。まちづくりにおいて、総合的、立体的な都市計画が求められる中、歴史的環境保全のみが、いかなる場合も単純な平面的ゾーニングによる『囲い込み方式』で対応すべきかどうか、疑問が残る。『共存』は、開発に対する服従への逆戻りとなる危険性もあるが、それとは異なる次元で、やはり再考を要する課題であろう」(「歴史的環境と地域づくり」一九九三年、三田川町歴史講座)と。

この問題提起に対する答えは、むずかしすぎてもちろん私ごときに分かろうはずがない。私があえてここに岡氏の言葉を引用したのは、吉野ケ里の整備計画を策定するなかで、特に地元との関係、周辺環境との関係を無視してはこの計画は成り立たない、ということを強く感じたからである。

整備計画策定の大きな鍵を握る問題といっても過言ではあるまい。

だれのために整備するのか

囲い込みによる遺跡整備のあり方が是か非かはともかく、周辺との関係をどうするか、どう考えていくかについて、原点に立ち返って考えてみることにした。そもそも、遺跡はだれのために残すのか、だれのために整備するのか、という問題である。一般論は別にして、こと吉野ケ里について考えてみるとどうなるだろう。

わが国を代表する貴重な遺跡だから、後世の人々にきちんと伝えたい、という返事がもっとも多いだろう。否定はしない。この意見、というより残すための理由づけの主体は、文化財関係者である。では地元の人々にとってはどうなのか。先述した吉野ケ里の意義ではないが、県の高島先生や七田《しちだ》先生がいうから……。マスコミが貴重だと騒ぐから……。見学者が多いから……。ちょっと待てよ、といいたくなる。

これらの答えのなかに、地元にとって必要だから、という答えは帰ってこない。本当にこれでいいのだろうか。地域の歴史的環境や遺産の取り扱いについて、その地域とは関係ない部外者の意見に任せてしまっていいものだろうか。

理想論からいうなら、文化財だから残す、ではなく、その地域にとって必要だから、自分たちにとって大切な風景だから残したい。それが文化財ならもっといい、という地元住民の意思が、もっと強く働いてくるべきではないかと思う。

もっとも、これには行政サイドの責任が相当あるだろう。自分たちの地域の特性や歴史的環境はまったく考えず、ただ「きれいな町づくり」「豊かな町づくり」「住みやすい町づくり」をスローガンに、ヨーロッパやアメリカの町並みをモデルに、一方的に粗悪な町作りを押し進めてきた行政の責任は重い。

住民は、自分たちの町づくりに、自分たちの意見が反映されない、あげくの果てには、自分たちの町とはまったく無縁の、どこかの偉い学者たちが、ああでもない、こうでもない、といって作り上げた計画に従わされる、このシステムに、正直言ってあきらめたのかもしれない。なにをいっても取り上げてくれないのなら、自分たちは自分たちの家のことだけ、暮らしのことだけ考えよう、こんな気持ちに支配されるようになったとしても、仕方ないことであろう。

もう一つ、土地の有効利用という観点からすれば、行政にしてみれば、やはり観光資源、自治体ＰＲとしての遺跡の持つ魅力はすてがたい。地元住民のためだけではない町づくり、遺跡整備の視点がそこから出てくる。

これらの接点をどこに見つけていくのか。私たちの遺跡整備への取組みの第一歩は、こうして最初から大きな壁にぶつかることになる。

整備の精神論

最終的に策定された基本計画について、その一つ一つを説明するつもりはない。完成されたものだけをいくら見ても、そこに至るプロセスが理解出来なければなんにもならないからだ。特にこの基本計画は、後ほど紹介する「吉野ケ里歴史公園」の基本計画に、そのまま引き継がれて行く。したがってここでは、基本計画の策定にあたり、私たちが考えてきたことを、従来の遺跡整備と比較しながら述べてみたい。ただし、何回もいっているように、これはあくまで一つの考え方、あるいは精神論といったものにすぎず、遺跡整備の道程を明々と照らし出すような、具体的な方法論ではないことをお断りしておきたい。

これまでの保存整備は、遺跡を破壊と煙滅から守ることを第一義にしてきたところがある。このことは、明治時代以降の近代化や第二次世界大戦後の経済復興・経済成長政策による国土開発、盗掘その他の破壊から遺跡を守るということでは積極的な意味を持っていた。特別史跡平城宮跡に代表されるバイパス建設のように大規模なものから、群小の地域開発まで、無数の遺跡破壊からいくらかでも守ろうというのが、文化財行政の基本姿勢であったといえよう。

こういう状況のなかで、環境整備という名目で公園的手法を用いた遺跡の整備が少しは行なわれていたが、それらは現状保存第一で、遺構の表面表示の枠を大きく越えるものではなかった。特に最前線に立つべき文化財行政関係者のなかに、遺跡にはなにも手を加えず、残されてきたままの現状で保存するのが最も適切とする考え方が根強くあり、整備もあくまで保存修理という形でしか認められてこなかった経緯がある。

その結果、遺跡保存のために多くの市民の協力を得ながら、保存が決定した後は市民への還元はなにもないままそのまま放置されるという、市民から見れば専門家のきわめて自分勝手な保存一辺倒の考えに終始してきた。こうした状況に満足できない、あるいは不信感を持った市民や文化財行政関係者のなかに、遺跡など文化財の積極的な活用を図ろうという機運が次第に盛り上がってきたのは、物の豊かさから心の豊かさへという時代の大きなうねりのなかでは至極当然のことだったのかも知れない。

コンセプトを大切に

遺跡の積極的な活用を図る、という目的のために使われた手段は復元整備＝当時の住居や建物などを復元展示することであった。しかし、復元のための資料不足、対象遺跡の基本理解と整備計画の理念、さらには整備後の活用計画等を明確にしないまま、ただ建物の復元などに走りすぎた結果、整備はされても活用されず荒れ放題となったり、その遺跡におよそなじまない別の手が加えられ、本来の遺跡の姿とは無縁の景観を呈するという結果に終わってしまったものが数多くある。

一時もてはやされた復元もパターン化され、なぜか全国同じようなものがどこにでもある物となり、こうした遺跡整備に対し私たちは強い疑問を抱いてきた。

復元はもともときわめて根拠の薄いところで行なわれるところから、専門家の異論も多い。このことは当然であるが、復元そのものに批判的か消極的な専門家の発言は、復元を唯一かつ絶対と確信する専門家と同様、遺跡の価値を享受する立場の市民には不可解に映る。市民は、復元が所詮「その程度」であることを知っているのであり、だからこそ復元にあたっての、その遺跡についての専門家の考えを聞きたいのである。

したがって、遺跡・遺構から当時の姿を復元し、一般の人が遺跡の歴史的価値を理解する助けにするためには、その遺跡の正確な基本理解とともに、どのように活用を図っていくかという整備理念とが不可欠であり、いいかえれば全体のストーリー作り、これが整備事業を行なうさいの第一の大切な作業となってくる。

吉野ケ里遺跡の保存整備計画を策定するにあたり、私たちはまず「吉野ケ里遺跡保存活用検討委員会」を設置した。委員の選定は、このような遺跡の基本理解と整備理念をまずきちんと押さえるという観点から、考古学や歴史学に限定せず、あらゆる分野からさまざまな意見を聞くことを前提にしたが、そのために委員・参与・幹事など委員会の構成は三〇名を超える規模となった。

特に私たちが留意したのは、吉野ケ里遺跡は、遺跡そのものと同時に周辺環境が素晴らしいということ、したがって、遺跡整備と同じくらい周辺の環境整備計画に力を注ぐこと、地元をはじめ佐賀県民、さらには日本国民のふるさととして心安らぐ活用を図ってもらうこと、あわせて地域活性化の拠点となること、などである。環境計画や地域経済、地元代表、マスコミ関係者など、多彩な顔ぶれになった委員会構成は、「遺跡整備」のための委員会としては異例のこととして、全国の注目を集めた。

しかし、委員の数と分野が多岐にわたっていることは、ともすれば意見の収集がつかない状況を引き起こす。この問題を解決するためには、なによりも遺跡の持つ意味とその魅力をしっかりと把握し、どうしたいのか、そのためにはなにをしなければいけないのか、という基本的なコンセプトを、まず当事者が共通理解として持っておくことがなによりも大切である。委員会の意見に一〇〇％頼り、コンサルタントの考え方にその都度左右され翻弄されていては、決してまとまるものではない。

遺跡は、ひとつひとつが固有のものであり、たとえ同じ地域、同じ時代・時期のものであってもその内容は違っている。そういう意味において、遺跡整備には共通したマニュアルは存在しないと考えられるし、なによりも遺跡の基本理解と整備理念とが大きな意味を持ってくるのである。

後にあらためて述べるが、吉野ケ里はいま、わが国二番目の国営歴史公園として整備が進められている。歴史公園は吉野ケ里遺跡にとっては整備方法の一つであると同時に、今ではすべてともなり得るものである。

わが国における史跡と公園は、近世から近代初期に、歴史的名園・名勝が公園そのものとして位置づけられ、区別されていないようだが、近代化の過程で西洋の公園思想と手法が公園整備の主流となり、別々の歴史をたどりながら今日に至っている。それぞれ問題と課題とを持っているが、整備方法と整備技術の優れた熟成度があり、両者の長所をあわせこれらを駆使して、吉野ケ里遺跡の歴史公園整備を進めていくことが大切であり、私たちの新たな課題となっている。

地域保存と整備の進め方

地元の動き

佐賀県教育委員会による吉野ケ里の整備計画が進むことによって、当然ながら地元町村でも吉野ケ里をめぐる大きな動きがあった。

吉野ケ里は、神埼《かんざき》郡神埼町・三田川《みたがわ》町・東脊振《ひがしせふり》村の二町一村に跨がっている。それぞれの町村で新たな取り組みが始まるなか、私たちは吉野ケ里の整備計画作りのメンバーとして、この三町村のスタッフにも入ってもらった。

県庁のなかにいると分からないが、三町村にはそれぞれの住民性があり、行政的にも異なる考えや手法で地域作りに取り組んでいる。もちろん、画一化しようなどという考えは毛頭なかったが、この三つの町村の考えをまとめることは至難の技でもあった。狭い地域に隣接するわりには、物の考え方から人々の生活態度まで、あまりにも違うことに驚かされたのである。二町一村だが、ここでは仮にA・B・Cという町にしておく。

Aという町は、いち早く地域総合計画を見直し、吉野ケ里遺跡の整備に合わせた地域作りの方針を打ち出した。

Bという町は、同じように地域作りの方針を検討したが、町内から遺跡へのアクセスなど、主要な事業はすべて吉野ケ里関連なのだから、「県」でやってほしい、という要望を提出した。

Cという町では、遺跡保存に反対する声と、遺跡整備の動向を見きわめた上で町としての態度を決定しようという声とに分かれ、表だった動きはなかった。

私の立場で、どこの町がどうだ、という気はさらさらない。ただ、ひとつだけ言えることは、自分たちの町を自分たちでどうしよう、という基本的な考えを示したところは、ほとんどなかったということだ。

こう書くと語弊があるかもしれないが、吉野ケ里が存在する区域は、それぞれの町のなかの一部の区域でしかない。その一部の区域を中心に論じるのか、町全体として論じるのかでは、まったく違ったものになると思う。吉野ケ里が存在する区域は、全体の町作り計画のなかでいえば、地域の諸条件のひとつとして吉野ケ里があるのであり、それが町全体にどのような影響をあたえるのか、については町全体で議論される問題であろう。

原因を作ったのは、吉野ケ里の保存を決定した県である。したがって、県が責任を持て、という理論は私には理解できない。自分たちの町である。自分たちが考えなくてどうするのだろう。それとも、自分たちの町とか地域ということには関心がなく、個人個人が、自分の生活が豊かであればそれでいい、と思ってしまっているのだろうか。もし本当にこんな考えになってしまっているとしたら（そうではないと信じているが）、やはり行政の責任であろうか。吉野ケ里の整備計画を考えるということは、とんでもない宿題を私たちにあたえてくれたものである。

とはいっても、それぞれの町で、きちんと物ごとを考えていこうとしている人たちはたくさんいる。どんな時でもそうだが、もちろん県でもそうだが、一人ひとりは本当に素晴らしい考えを持っているのに、それが組織のなかの立場になると、なにもいえなくなる人が多い。いえなくなるのではなく、いってはいけなくなる場合もあり、また、いっても全然取り上げてもらえないこともある。こういった事例は、なにも吉野ケ里周辺だけではなく、全国的なもの、あるいは今では日本人全体の体質になっているのかもしれない。

私たちにそれを打ち破る力があるかどうか、本当は試されているような気がしないでもないのだが……。

「遺跡らしさ」とは

吉野ケ里の丘に物見やぐらが聳え立って数か月後、地元のバス停や曲がり角の案内板に、物見やぐらモドキが出現した。遺跡内のトイレや売店にしても、物見やぐらか高床《たかゆか》倉庫をイメージすればいいのに、なんていう、無責任な話もよく聞くようになった。たしかに、全国的に同じような事例はたくさんあるが、はっきりいって私は嫌いである。

そもそも「遺跡らしさ」とは、一体なんだろう。その場あるいはその地域に、まったくチグハグなものを作るな、という警鐘の点では意味があるかもしれない。

しかし、それでは、遺跡を活用して自分たちの町作りをやろう、という主体性はなにもない。二〇〇〇年前の風景を模倣してそれで自分たちの町だ、と声高に叫んでも陳腐に映るだけだ。歴史環境を大切にした町作りには、現代から未来への視点がなければならないと私は思う。遺跡あるいは歴史遺産を核に、自分たちの町をどうデザインしていくのか、どうコーディネートしていくのか、そういう発想から生まれた新しいデザインによって町を作っていかなければ、現代に住んでいる私たちは、たんに二〇〇〇年前の世界におんぶ

物見やぐら風のバス停
（神埼役場前）

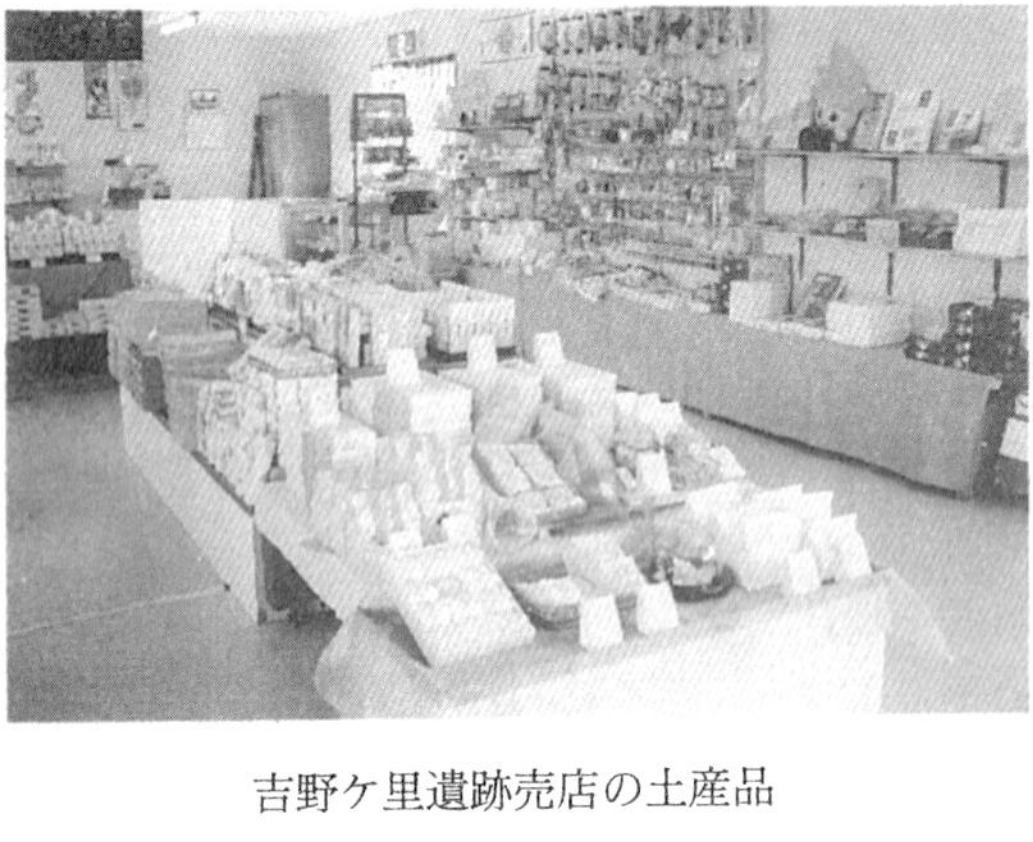

吉野ケ里遺跡売店の土産品

に抱っこ、未来の人たちからなんの知恵も感性もない人間だったと笑われるだろう。

　これは、遺跡で売っている土産にもよく現れている。全国どこにでもある同じ菓子に、タイトルだけ「吉野ケ里」をくっつけた物がいかに多いことか。

　いま私は、愛好者を集めて「デザートグルメを楽しむ会」なるものを結成し、二か月に一度くらいの割合で会合を持っている。これは、博物館における展示をメインディッシュとするならば、ヨーロッパではメインディッシュと同じような存在感のあるデザートにミュージアムグッズを見立てたもので、ようするに博物館グッズの研究・開発をやろうという、まったくの有志の集まりである。少しデザインするだけで、展示では片隅にしか置かれていない土器の紋様が拡大されて素敵なチーフに変わるなど、脇役でも主役になれる可能性を秘めている。フランスのルーブル美術館の前庭にあるガラス張りのピラミッドのようにはいかないが、ちょっとしたアイデア、ちょっとした感覚で全体をコーディネートできる、再発見できる、その魅力に取りつかれている。

　町作りにもいえることだが、「らしさ」にこだわるのではなく、あるいはとらわれるのではなく、どうせ作るなら本物の感性を作りたいものだ。

　吉野ケ里でも、遺跡案内のガイドに弥生人の服を着て貰っては、という意見があるが、私は反対である。遺跡そのものの素晴らしさを感じてもらうためには、スタッフは黒子に徹するべきだろう。似て非なるものの方が、偽物よりよっぽどタチが悪い。

歴史環境と自然

吉野ケ里の整備計画が進むなか、全国史跡整備市町村協議会から、アメリカ・カナダにおける遺跡整備の取り組み方を視察する研修会を企画したので、参加しないか、との誘いを受けた。

行きたいのは山々なれど、簡単に行けるものではない。無理を承知で財政当局にお願いしてみた。その結果、吉野ケ里とは直接関係はないけれど、これからの整備計画作りの参考になるならと、三名の出張を許可していただいた。とはいっても、県民の税金で行かせてもらうわけだから、必ず役に立つ情報なり知識なりを習得して来ること、という教育長の訓示を高島氏と私と調査担当の森田孝志氏は緊張して聞き、スタッフに送られアメリカのアルバカーキおよびカナダへと旅立った。

紀行文を書いても仕方がない。ここでは、私たちの現在の取り組みに影響をあたえたことに絞って紹介してみたいと思う。まず、見学に対する安全性への考え方。

インディアン遺跡であるクリフパレスには、当時のインディアンの住居跡が残っており、そこに行くには急峻な崖を降りていくしかない。その崖道には、ところどころ木の梯子はかかっているものの手摺もなにもなく、一歩踏み誤れば崖下へと転落するきわめて危険な所である。しかし、人々は平気でその崖を降り遺跡を見にいっている。ガードマンのような監視人がいるわけでもなく、入り口のビジターセンターにレンジャーがいるだけである。

危ないと思うなら行くな。行政として行なうべき福祉や安全管理はきちんとやるが、最低限自分の命は自分でまず守るものだ。自分の力がおよばないものについては、政府が保証しよう。こういう考え方が、どこに行ってもある。グランドキャニオンでは、崖っぷちの先端に簡単な、というよりお粗末な柵が一応ある。しかし、だれでもすぐ乗り越えられるし、事実、私と高島氏は乗り越えて先端まで行ってみた。それは恐ろしい崖だ。

だれも注意する人はいない。そこに行けば、落ちて死ぬかも知れない。それを承知で行っているのだから、それはその人の責任だ、こんな考えなのである。日本ではまず無理であろう。なにしろ、きちんと柵を作っていても、子供がそれを乗り越えてあるいは壊して中に入っていき、中の池で溺れ死んだとしたら、その母親や世間は「行政の管理不十分」といって非難する。お国柄の違いといってしまえばそれだけだが、それだけでは済まされない、もっと人間としての根本的な問題が潜んでいるような気がする。

吉野ケ里では、物見やぐらを除いて、立ち入り禁止の場所は設けていない。昔からマム

クリフパレスの急峻な園路

グランドキャニオンの景観

この場所では，全く柵のない崖に立つ森田孝志氏(左)と著者．

吉野ケ里遺跡の注意看板

シの多いところで知られており、今でも草むらに入ればお目にかかることができる。一応、「まむし注意」の看板は立てているが、柵もなければ「立入禁止」にもしていない。また、少なくとも、立入禁止にしていないことで文句をいってくる人はいない。しかし、実際嚙まれた人がでてきた場合には大変な問題になるだろう。それでも、私たちは、あえて立入禁止にするつもりはまったくない。

なにもアメリカの真似事をしているわけではなく、遺跡が人間の心の故郷であるならば、可能なかぎり遺跡本来の姿を見て、感じてもらいたいと思うからだ。異論もあろうが、これがアメリカ研修の成果の一つである。

つぎに、便利さと遺跡環境の保護との関係。広大な土地であるし、インディアン遺跡は崖の下や中腹にあることが多い。駐車場から歩いて行っても、優に三〇分以上はかかることも珍しくない。日本のように団体のツアーで行ったら大変な目にあうかもしれないし、ものすごい不満の声が出るだろう。なにしろ駐車場から一歩出ると、そこにはもうトイレはないのだ。当時の環境を守るためだという。そういえば、グランドキャニオンでも同じだった。ステーションから崖下まで歩いて降りられる場所があり、多くのハイカーが楽しんでいる。といっても、ステーションのある一番高い場所と一番下の場所とでは、なんと標高差二〇〇〇メートル以上、もちろん日帰りはできない。一番下では半袖のTシャツ一枚でも暑い時に、上のステーションではセーターにくるまっているほどである。

チャレンジ精神旺盛な私たちは、往復二時間の計画で途中まで降りてみることにした。降りるのに四〇分、上るのに一時間二〇分の計画である。なにしろ気圧も低く、上りは大変だ。必需品は「水」。これを忘れたら生きてはいられない。もちろん、道に柵なんか設けてはいない。水飲み場（売店）もトイレも一切ない、完全にグランドキャニオンの自然のなかに飛び込むだけである。

日本だったらどうだろう。まず、自動車道を作るに違いない。そして、ポイント、ポイントに休憩の売店が立ち並ぶ……。考えただけでもゾッとする光景だ。これが二つ目。

そして三つ目は駐車場。私たちが訪れた時は夏のシーズンの真っ最中で、駐車場には大きなキャンピングカーやバスがたくさん止まっていた。そこで気がついたことは、世界的に有名な場所にしては駐車場の面積が随分と狭い、ということだった。もっと広くしなければ大変だろうに、そう思って私たちは、ナショナルパークの管理者に話を聞いてみた。「おっしゃる通り、駐車場の面積は慢性的に不足している。だから私たちは、駐車台数以上は公園内に入れないように、新たな規制を作ろうかと思っています」。一瞬、聞き間違いではないかと思った。日本なら、なんとかして駐車面積を広げる努力をするだろう。ところが、逆に入場を制限する、というのだ。

歴史的環境や自然は、現代に住む私たちだけのものではなく、地球のすべての未来のためにある、というこの考えは、今でも鮮烈なショックとして私の耳に残っている。同じ人間でありながら、これほどまでに考え方が違うのか、吉野ケ里の整備においてサービスとはなにか、ということを考え始めたのはこの経験からである。

博物館のあり方

つぎに私たちにカルチャーショックをあたえたのは、ミュージアム（博物館）である。なにもバカデカイとか、展示物がすべて超一級だからというのではない。

一つは、室内の空間デザインである。デザインについては、人によってそれぞれ好みがあると思うので、建物のデザインとか物のデザインについていうつもりはないが、空間デザイン、ようするに展示物と人との関係、展示物同士の関係、建物と展示の関係、これがどこのミュージアムに行ってもすごいのである。

まず、日本のように決して暗くない。カナダのミュージアムなどは、全面ガラス張り、そしてそのガラスの向こうにトーテムポールが立ちならび、さらにその向こうには広大な

ブリティッシュ・コロンビア大学博物館（カナダ）

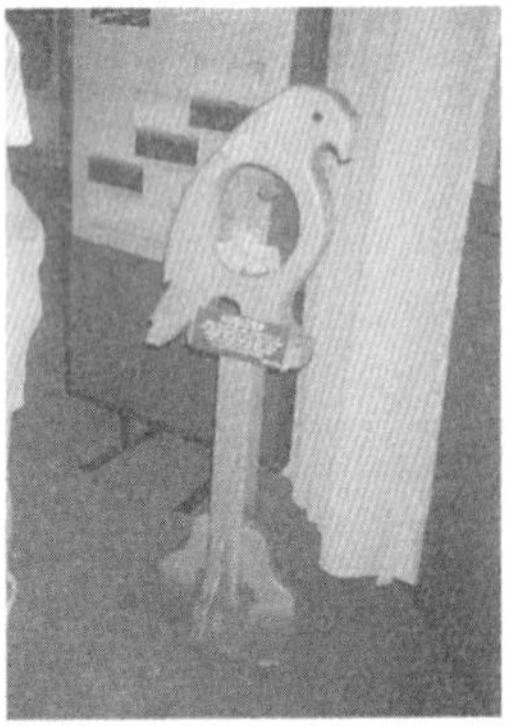

アルバカーキ博物館の展示風景と募金箱
（アメリカ）

△ゆるやかな曲線と窓から入ってくる外光が，やわらかい雰囲気を出している．パーテーションも展示に合わせた手作りの木製である．

▷募金箱がさりげなく置かれている．これは，アメリカの博物館の運営活動を支える重要な財源となっている．

太平洋が広がっている。まるで太平洋博物館だ。アルバカーキやサンタフェ、いずれのミュージアムにしても、日本のように直線で仕切られた所はほとんどない。豊かな曲線と照明、一見造作もなく置かれた展示物、小さなミュージアムでも必ず専門的な見学と一般の見学が別ルートになるように、そして、どこからでも立ち戻ったり、あるいは飛ばして次の部屋に行けるような動線が工夫されている。だからといって、日本のように展示にそれほどの仕掛けがしてあるわけではない。いや、逆にきわめて質素、オーソドックスな展示方法だろう。それなのに、なぜこんなにも楽しい雰囲気になるのか。

　百聞は一見に如《し》かず、というが、こればかりは私がいくら文章で綴っても理解して貰えないかもしれない。是非行ってみてほしい。私のいうことが決して嘘ではないことが分かって貰えると思う。アメリカやカナダまで行かなければならないことや、日本の博物館のなかでお薦めできる博物館がきわめて少ないこと自体、大変情けないことではあるが。

　それでは、この違いはどこから来るのだろうか。カナダにあるブリティッシュ・コロンビア大学の博物館で聞いてみた。その話によると、まず博物館を作るとき考古学者や歴史学者のほかに、デザイナー、グッズを開発する人、そして一般市民、そういう人たちが必ず一緒に参加するというのだ。そして、ソフト計画、すなわち、その博物館の活動をどうするか、グッズはなにを中心に開発するのか、そういうことが同時に進行するというのだ。これは、少なくとも今までの日本では考えられないことである。アメリカやカナダでは作ったなら最後まで責任を持つ、という考え方がある。したがって、常設展示にしても、つねに新しいものを考えていくスタッフと、そのための予算がきちんと用意されている。

日本ではどうだろう。公立の博物館の場合、ある意味では「義務感」で作っている。したがって、とにかく作ってしまえばいい、という考え方が主流であり、作った後の博物館活動や展示の入れ替え計画などについては、きわめて冷たい。文化立国を唱えながら本当の文化とはなにか、そのために必要なことはなにか、ということに気づいている人は、高級官僚といわれる人たちをもふくめ、ほとんどいない。

もちろん、博物館関係者にも問題はある。それは、指導者の無理解に対する嫌気からそうなってしまったものか、あるいは本質的に彼らが勘違いしているのかは、意見の分かれるところだとは思うのだが。アメリカ・カナダ紀行のポイントは、じつはここである。つまり、施設でなく人の問題だということである。

どこのミュージアムに行っても、日本でいう学芸員が、必ずといっていいほど展示室にいる。そして、見学している私たちに向かって気軽に声をかけてきてくれる。「これなんだか知っているか」。「イエス」と答えるとニッコリ笑ってさりげなくその場を離れる。「ノー」と答えると「良かったら説明しようか」という。それに「イエス」と答えると、こちらがどれくらいの知識があるかを確認した上で、こちらの知識に応じた説明をしてくれる。「ノーサンキュー」というと、ちょっと残念そうな顔をして、「この部屋に居るから、なにか質問があったらいってくれ」といって立ち去って行く。押し付けでもなく無関心でもなく、それでいて見学に来る人々のことをきちんと視野に入れている、彼らの態度はとても清々しく私の印象に残っている。それだけではない。学芸員としての第一の仕事は、まず自分たちの活動を支える予算の確保、そのために、例えば企業などからいくら位の補助金、寄付金を集められるかが、学芸員としての能力を問われる問題だといわれているのである。

日本の場合、まずこういった光景や考え方にはお目にかかれないし、声をかけてもらった経験も、学芸員が寄付金を集めているという話も聞いたことがない。展示室のなかにだれか居ると思ったら、椅子に座って本を読んでいる女性だけ。彼女らに展示の説明を求めても「分かりません」という返事しか帰ってこない。これでは、日本の国民が博物館嫌いになってても仕方ないだろう。学芸員のみなさんは、仕事が忙しいから、とよくいうが、そもそも博物館の学芸員の仕事とは一体なんだろう。自分の研究だけをやっていればいいというものでもあるまい。

博物館のこれからの姿については、後ほど述べる私たちの「吉野ケ里博物館（仮称）」への取り組みでも触れることにしたいが、誤解のないようにいっておきたい。私はなにもアメリカやカナダ、ヨーロッパがすべてにおいて日本より勝っていると言っているのではない。人間としての本質的な部分、それに対する考え方について、もう一度みんなで考え直して見る必要もあるのではないか、ということを言いたいだけである。

日本には日本のよさがあり、外国には外国のよさがある。そのなかで、だれが考えても直すべき所は、やはりきちんと直すべきではないだろうか。日本の博物館整備や遺跡整備は、公平に見て決して進んでいるとはいえないと私は思う。

地域活性化と遺跡整備

吉野ケ里遺跡保存協力会

吉野ケ里の仮整備・基本計画作りが進むなか、仮整備完成後の遺跡の管理についてどうするか、という問題が提起された。これまでの全国の事例では、整備が完了した後の県の仕事は維持管理くらいに限られ、遺跡の説明をしてくれる人もいなければ、土産や食堂になると業者任せ、といった事例が少なくない。

そんな時に新たな問題が発生した。吉野ケ里への見学者の数の多さを見込み、周辺の土地が関西や福岡の大手の業者から狙われている、というのである。たしかに、遺跡周辺は開発の波にもさらされず、そのおかげで吉野ケ里も残っていたのだが、田舎の水田地帯ということで地価評価額はきわめて低かった。大手の食堂や土産業者からみれば、それこそ二束三文、しかも集客率がきわめて高いとなれば、これほどうまい話はないだろう。

工場団地計画を変更してまで保存が決まった吉野ケ里にとって、地域活性化につながる保存整備は命題であり、そのためにも、他県の業者に利益を吸い取られることだけは避けなければならない。市場競争の原理からいえば反するかもしれないが、遺跡の存在する地元にとっては死活問題である。見学者が増えて地元にも騒音と埃が増えました、というのではシャレにもならない。

そこで考えたのが、見学者へのサービスと遺跡の維持管理、さらには土産や食堂の経営といった、いわゆる遺跡の総合管理をやってもらう団体を、地元で作ってもらってはどうか、というものだった。こうすれば、まず遺跡の維持管理で地元から雇用ができる。つぎに、見学者へのサービスということでは、地元の遺跡が好きな人にガイド役をしてもらい、その収入はガイドの収入とすることによって、地元での遺跡への関心が高まる。さらに、売店については、地元の商店のなかから希望者に入って貰うことにより、地元の活性化にも繋がる。まさに一石二鳥、いや三鳥ではないか。こうして、地元を中心に結成されたのが「吉野ケ里遺跡保存協力会」である。

吉野ケ里遺跡保存協力会の売店

展示室内のガイド風景

大規模な外壕の発掘現場光景
中央の後向きが七田忠昭氏．

協力会の業務には、遺跡の維持管理（清掃・交通整理・駐車場整理・展示室管理など）、売店の経営、遺跡ガイドサービス、それに見学者への無料休憩所でのサービスや荷物の一時預かりなどがあった。協力会としては、地元三町村の商工会を中心に三町村がそれぞれアドバイザーとして参画する組織を考えたが、残念ながら東脊振村については同意を得ることができず、結局神埼・三田川の二町の商工会を中心に結成することになった（現在では加入している）。運営資金は、県の委託金とガイド収入や駐車場の整理料金でまかない、地元の二町からも補助金が出ることになった。細かい業務内容や人事組織については省略するが、会長の山田良輔氏をはじめ会員のみなさんの熱心さが、吉野ケ里の活用事業に多大な貢献をしたことは、だれもが認めるところだろう。

特に好評なのが、ガイドサービスである。遺跡説明のガイドは当初二〇名ほどが登録されたが、高島忠平・七田忠昭両氏のレクチュアを受けて、すっかり吉野ケ里通となった。ガイドのみなさんは、しだいに考古学の虜になってしまった結果、私などよりもはるかに考古学に詳しくなり、楽しくおもしろく案内している。見学者の間でも大変な好評で、二回目の見学時には指名の声があるほどだ。

同じように好評なのが、無料休憩所と湯茶接待である。遺跡内では、日除けや風避けを設けていないため、一回りして来た見学者はかなり疲れているようだが、その時、冷たいお茶や熱いお茶を無料でサービスしている。この保存協力会がなかったら、私たちは遺跡の維持管理に追われ、とても整備策定の仕事などはできなかったであろう。もちろん問題がないわけではない。見学者の減により収入が減って経営が思わしくなくなったり、あくまで任意の団体であるため、将来が不安定であるなど、さまざまな問題を抱えている。しかし、協力会の素晴らしいところは、自分たちが決して金儲けの団体ではなく、見学者に喜んでもらえればいい、という姿勢に徹したところである。

吉野ケ里は、このようにじつに多くの人々の手によって守られ、可愛がられ、育てられている。白日のもとにさらけ出されて、本当に幸せかどうかはわからないが、少なくとも、史跡指定だけ受けて放り出されている遺跡よりは幸せだと思いたいのだが……。

スタッフ間の関係

吉野ケ里の整備のための基本計画策定に関し、もうひとつ、私が感じていることを紹介しておきたい。それは埋蔵文化財専門職員と私たち考古学の素人集団との関わりである。

基本計画作りが始まった一九八九年（平成元）八月の時点で、発掘調査と調査のまとめは現場担当者、仮整備の事務担当はそのために増員した専属の事務職員、そして整備計画策定と遺跡の活用計画は私の係、という一応の役割分担が確認されていた。しかしなんども書くようだが、遺跡のことは私にはよく分からない。当然、現場担当者との連携プレーが必要になってくる。ここで問題になってくるのが、現場担当者は専門職員であり、その専門職員の考えを私が理解して、計画作りに反映できるかどうか、という点であった。

　最初のころは、チグハグあるいはギクシャクしたものがあった、というのが私の率直な感想である。なにしろ全国的に有名になってしまったものだから、遺跡の今後の取り扱いについて、マスコミの目も集中している。県としての立場もあるし、私はいわれるままに自分勝手な整備計画フローを作成していた。その時の私は、一般的な整備フローは頭のなかに入っていたものの、もっとも肝心な吉野ケ里の調査のまとめがいつになったらできるのか、などということはあまり考えていなかった。というより、素人のあさはかさ、すでにある程度のまとめはできていると勘違いしていたのである。

　しかし、ちょっと考えてみればすぐ分かることだが、三〇万平方メートルを三年間、一年に一〇万平方メートルの調査計画である。まとめなどできているはずがない。しかも、基本計画策定は、新しい遺跡整備に挑戦するという私たちの気持ちから、過去に遺跡整備の経験がないものの広告代理店としては実績豊富な大手の業者に委託したが、それはとても遺跡整備の基本計画と呼べるものではなかった。整備手法はテーマパークでも作るような見事な仕掛けばかりが羅列されていて、肝心の遺跡の内容やコンセプトはなにも明示されていないという、極端ないい方をすれば、言語道断の計画案であり、最初から大きな壁にぶつかることになる。

この事態を打開したのは、七田忠昭氏を中心とする発掘調査担当者（森田・田島・草野氏）の頑張りであった。ただでさえ疲れているのに嫌な顔一つせず、私の資料要求に的確かつ迅速に応えてくれた。もちろん、遺跡の発掘担当者として当然の仕事といってしまえばそれまでかもしれない。だが正直なところ、本当はおもしろくない気持ちも強かったのではないかと思う。自分たちが苦労して調査した遺跡の保存がやっと決まり、これから、この遺跡をどうしようかと、心中期するところがあったはずである。

それが、ずぶの素人の私が整備の担当になり、こういう資料を作ってくれ、何日までにこの規格で遺構配置図を作ってくれ、とつぎからつぎに要求されるのである。普通ならプツンと切れてしまっていたかもしれないが、七田氏たちは役割分担を理解してくれていた。感情とは別に吉野ケ里を愛する男として、自分たちでやるべきことをしっかりと把握していたのである。彼らのこの姿勢がなければ、専門職員と私たちとの間に大きな溝ができていて、いまごろは空中分解していたかもしれないと思う。

他の遺跡の話で恐縮だが、最近、全国的に有名になった遺跡の発掘調査担当者が吉野ケ里に視察に見えた。いろいろな話をしているなかで、こんなことを呟いた。「今うちは、遺跡を見学に来る人の、駐車場の配置問題でもめているんですが、そんなことまでなんで僕たちがしなければいけないのか、分からないんですよ。だいたい教育委員会の仕事でもないと思うし、吉野ケ里ではどうしたんですか」。非難する気持ちはもちろんない。多分、日本中の埋蔵文化財専門職員の大半は、同じようなことを考えているだろう。ただ、私には私の考えと言い分がある。専門職員は発掘調査と遺物整理、それに報告書の作成だけに携わっていればいいのだろうか。

そんなことはないはずだ。遺跡整備はだれのためにやるのか、と前に述べたが、発掘調査も同じことだろう。だれのための発掘調査なのか、少なくとも専門職員の研究のためだけではないと思う。遺跡が保存され整備されることになった時、その遺跡に携わった人の責任は、すべてにかかっているのではないだろうか。自分の職務はここまで、などと世間から非難されている行政の縦割りみたいに、自分勝手に決めていいものではないし、ましてや遺跡関係者ではないか、だれよりも率先して取り組むくらいの気持ちをもってほしいと、少し悲しい気持ちになったことを覚えている。

七田氏たちはなんでもやってくれた。昼間は調査で疲れているはずなのに、夜、イベントなどをやっていると必ず手伝いにきたり顔を見せたりしてくれる。考古学とはいっても、じつは遺物の保存処理や分析には最新の科学技術が導入され、さらに民族・民俗・生活文化・文化人類・形質人類・動植物・環境・建築・自然科学など、じつにさまざまな分野の学問との共同研究によって成り立っている。どんなに科学が進歩しようと、どんなに優れた技術が開発されようと、最後はやはり人と人とのネットワークが一番重要になってくる。

埋蔵文化財専門職員と私たちとの関係、いいかえれば、一つの仕事に携わるスタッフのコミュニケーションなくして、遺跡整備もまたあり得ない。最近では、遺跡整備も公園事業や地域作りの一環として、文化財関係者だけではなく、公園関係者や地方自治体関係者が携わるケースが多くなってきた。ある意味では〝敵対関係〟とまでいわれた部局同士が、今度は連携しなければならないのである。既成観念や独断的な偏見にとらわれず、また、変に妥協せず正面からぶつかり合い、方針が決まったならば全面的に協力する、人間としての一番大切な部分が問われている仕事でもあろう。

吉野ケ里の整備計画作りは、じつにさまざまなことを教えてくれている。

遺跡整備とサービス

これまで、吉野ケ里の整備計画策定にあたって、私たちが考えてきたことをいくつか述べたが、もう一つのキーワードが「サービス」という言葉である。

高島忠平氏は最初から「文化財行政は住民サービスである」といい続けてきた。それはすなわち、文化財の調査・整備・保存修理など、すべてが住民のためのものであり、専門職員のためだけのものではない、という考えである。これは正しくその通りであり、私も本書の最初に反省として述べたので、ここでまたその話をぶり返すつもりはない。私が述べたいのは、遺跡の整備や管理運営のなかでのサービスの考え方である。日本の場合、観光地などで見学者の評判が悪いところは、大体つぎのような点である。まず、駐車場が遠い。つぎに、トイレが汚い、売店がお粗末、食事がまずい、職員の対応が悪い……。

これを現在の吉野ケ里にあてはめてみよう。まず駐車場。大型バスの駐車場からは歩いて十分以上もかかる。普通車の駐車場からも同じようなものだ。つぎにトイレ。簡易水洗ではあるが、夏などには臭いがする。遺跡内には設けていない。売店は地元業者しか入っていないこともあり、商品はお世辞にも質が高いとはいえず、施設も粗末なプレハブというよりバラック小屋に近い。食事は売店と同じ施設のなかに、ラーメン・焼きそば・ソフトクリームなど、どこにでもある代物で特色があるわけではない。職員の対応は人それぞれ、無愛想な人もいれば親切な人もいる。どこをとっても、サービス精神に溢れたところはまったくない。ひとつだけあるとすれば、保存協力会の無料湯茶接待くらいのものだろう。自分たちが管理する遺跡の実情がこれだけ悪いのに、なにを偉そうにサービスだ、などと思われるかもしれないが、自分たちのところが悪いだけに、なおさら考えなくてはいけないと思っているのである。現状に目をつぶるわけではないが、現状の反省を踏まえて、私たちが整備計画作りのなかで考えたことを紹介してみたいと思う。

駐車場はたしかに遠い。だからといって遺跡の目の前に作ることが、本当のサービスなのだろうか。遺跡に立って周辺の景観を眺めた時、目の前に駐車場がデンと広がっているのを、見学者は本当に喜ぶだろうか。

吉野ケ里は、遺跡はもちろんだが、周辺の環境、そして豊かに広がる水田と青々とした山並みが素晴らしいといわれている。これらの周辺環境を損ねるような駐車場の作り方がサービスなのだろうか。私にはそうは思えない。少々遠くても遺跡の環境を大切にしながら、たとえば駐車場から遺跡までのアクセスについて、遠さを感じさせないとか、歩くことが楽しい、といった工夫を施す方が本当のサービスではないかと思う。

たしかに、見学者一〇〇人いれば一〇〇人の考え方・ニーズがあるだろう。これらのニーズにすべて応えるのは所詮無理である。だとしたら、そこに必要なのは決して自分よがりではない、明確なコンセプトを持った、自信に満ちた考え方ではないだろうか。見学者のニーズに一〇〇%応えることがサービスだ、とは私は思わない。遺跡と遺跡環境を最高の姿で提供することこそ、真のサービスだと考えている。

トイレについても同じようなことがいえる。私たちは少なくとも、遺跡の中心部、弥生時代の復元集落内にはトイレは作らない方針である。そのかわり、入り口にはきちんと設けて、これから先にはトイレはない、ということを明示しておく必要はあるだろう。小さな子どもがどうしても行きたくなったらどうするか、遺跡内のちょっとした草むらでさせてもいいと思うのだが……。

トイレについては、こんなおもしろい話がある。公園専門のコンサルタントに計画を委託したときのこと、なんと遺跡中心部、復元建物の間を縫うようにして、二〇〇メートル間隔でトイレの配置計画が示されている。復元建物より数が多いのではないかと思うくらい、それはそれは見事なトイレの展示場だ。理由はこうだ。

「公園整備マニュアルでは、トイレは二〇〇メートルに一個設けなさいとなっている」

「なぜ二〇〇メートルなの？」

「尿意をもよおして我慢できる距離が、二〇〇メートルとなっています」

この考え方（マニュアル）には、一見、親切心があるようで、じつはまったくない。遺跡にかぎらず、最近できている公園や動物園などに行ってみても、こんなに数多くのトイレがある所は見たこともない。だれのために作るのか、なんのために作るのか、それを忘れて、ただマニュアル通りに配置するだけ、そこには環境やその場の持つ意味への配慮のかけらもない。サービスとは、基本的にはハードではなくソフトの問題であろう。少々施設が汚くても、貧弱でも、そこで対応してくれた人が優しければ、それだけでなんとなく温かくなるものではないだろうか。もちろん、特にトイレについてはいろいろな考え方があるだろうが、少なくともその場全体のコンセプトを大切に考えたいものだ。

サービスについての最大の難関は、やはり人の問題である。博物館の学芸員の問題にしても、このサービス精神がどれくらいあるかないかの違いであろう。

サービスとはなにか

ふたたびアメリカに行った時の話である。レストランで食事をすることになった。みんなでワインを頼むことにしたが、同行していた二八歳の女性が注文すると、ウエイトレスが「あなたはダメだ」という。理由を聞いてみると「あなたは私が見たところでは未成年である。未成年にはお酒は出せない」という。アメリカの人から見れば日本人、特に女性は幼く見えるらしい。まわりにいた私たちが、いくら彼女は二八歳だといっても信用しない。「それならパスポートを見せてください」。残念なことに、ホテルに置いてきたために、身分を証明するものはなにひとつない。とうとうそのウエイトレスは、彼女のオーダーには応じなかった。

仕方ない、みんなで頼んだものを分けて飲もうよ、ということになったが、その時突然隣のテーブルで同じような騒ぎが持ち上がった。見たところ、西ドイツの人のようだったが、ビールを頼んで、やはり未成年ということで断られたらしい。最初はニコニコ笑っていたが、しだいにその青年は怒り出して、最後はナプキンを投げつけると、真っ赤な顔をして出ていった。ウエイトレスはなにもいわず、黙ってナプキンを拾い上げると、なにごともなかったように仕事に戻っていった。しばらくして気がつくと、怒って飛び出していった青年がパスポートを持って戻って来て、それを示しながらあらためてビールを注文している。ウエイトレスはニッコリ笑って、彼に待望のビールを届けたのである。日本なら、支配人かだれかが飛び出してきてその青年に謝るか、あるいはウエイトレス自身がなにもいわずビールを持ってきていただろう。

サービスとは関係ない話と思われるかもしれない。しかし私には、ウエイトレスの、自分の仕事に対する責任と、仮に青年が本当に未成年だったなら、お酒を飲ませてはいけない、というこれも一つのサービスの心だったような気がしてならない。そしてこれは、同席していた私の旅の仲間全員が感じたことでもあった。もちろん、青年の後の態度も立派なものだった。

「自分の仕事に誇りと責任を持つ」、これはとても大切なことだ。先ほどのトイレの配置計画を行なったコンサルタントには、失礼ながら自分たちの仕事への責任は感じられない。自分が考え、自分で判断し臨機応変に対応する、その柔軟さはまったくなかった。ただたんに「決められているから」である。これは私たちへの大きな警鐘になった。

ここで、私の好奇心がまた頭を持ち上げてくる。「サービスとは一体なんだろう。なんでサービスという言葉があるのだろう」。いろんな辞書をひっくり返したが、なかなか明確には載っていない。たまたま街角の本屋さんで立ち読みしていた雑誌に、サービスについてのトーク集が掲載されており、その記事を読んだとき、なるほどと思った。だれのトークなのかは忘れてしまったが、また、それが本当に正しいのかどうかは定かではないが、その考え方はよく理解できた。

サービスの語源は、サーバントすなわち奴隷という言葉にあるのだという。それがなぜサービスという言葉に転化していったのかはよく分からないが、単純に考えれば、自分を犠牲にして相手につくす、とでもいうことであろうか。なんだか昔の日本にあった「滅私奉公」という言葉と重なるような気がしておもしろい。

それでは、サービスとは、なんでも相手のいうなりになる、ということかというと、そうではないらしい。細かいことは忘れてしまったが、ようするにサービスとは、そこに自分の主体性があること、人からいわれるからではなく、自分から相手のためになにかをする、ということ。つまり、嫌々仕事をしていれば、自分が仕事の奴隷になってしまう。それが、自分の意思で積極的に仕事に取り組めば、それは奴隷ではなく誇りの持てる仕事になる、このような意味だったと思う。アメリカのレストランのウエイトレスは、まさしくそれだった。私たちにできるサービス。高島氏がいうように、行政としてのサービス、遺跡で働く仲間にできる、それぞれの立場でのサービス。

整備の基本計画は一応形にはなっているものの、本質的な課題はまだまだ多い。

市民のなかの吉野ケ里

吉野ケ里歴史公園をつくる

仮整備が終り、ふたたび吉野ケ里に見学者の列ができはじめたころ、「国営公園」という制度がある、という情報が入った。その情報によれば、この国営公園とは、建設省が全国に設置する都市公園であり、イ号とロ号のうちのロ号に認められれば、整備費用は全額国庫負担だという。

国営公園への道

工場団地計画から一転して保存への道をたどった吉野ケ里《よしのがり》の最大の課題は、いうまでもなく多額の資金、それも工場団地一部中止による違約金や吉野ケ里の保存整備に要する費用など、弱小県佐賀にとっては、まさに大問題である。それが、ロ号国営公園になれば、少なくともこれからの整備に要する費用及び維持管理に要する費用は全額国が持ってくれることになるというのだ。県としてこれほどありがたい話はない。早速、国営公園のシステムなどについて情報収集がはじまった。

国営公園については、その考え方や全国の整備例などを掲げるに止め、吉野ケ里が採択を目指したロ号国営公園についてのみ簡単に触れることにする。ロ号国営公園とは、

○国家的な記念事業

もしくは、

○わが国固有の優れた文化的資産の保存と活用を図るため「閣議の決定を経て設置する公園」と規定されている。全国には四か所しかなく、いずれもわが国を代表する公園としての位置づけがきちんとされている。

○昭和記念公園

　昭和天皇の在位五〇周年記念

○武蔵丘陵森林公園

　明治施政一〇〇周年記念

○沖縄記念公園

　沖縄本土復帰と海洋博記念

○飛鳥歴史公園

日本の国家の始まり

吉野ケ里は果たして、ロ号公園に足る位置づけができるかどうか、これが最大の関門であった。幸いなことに、吉野ケ里は「わが国の始まりを示す遺跡である」とのお墨付きを文化庁からいただいていたこともあって、飛鳥歴史公園よりもう一つ前、すなわち、日本に初めてクニができた様子が分かる、という点ではわが国唯一であり、位置づけについては十分満足できる内容を持っているといわれていた。しかし、全国的に補助金制度や財政制度が見直されはじめた時期でもあり、「このご時世に一〇〇%国庫の公園はもう作らない」という建設省幹部の意向もあり、前途はきびしいものがあった。

佐賀県では、なんとか国営公園に採択してもらおうと、東京都心の電車の広告に吉野ケ里のPR記事を掲載したり、建設省に積極的な陳情運動をするなど、それまで考えられなかったような大PRキャンペーンを展開したが、それは、ロ号採択の条件として日本中の人から認められなければならない、という条件があったためである。

このPRの内容や取り組みについての紹介は割愛するが、建設省から「国営公園は地方から陳情されて設置するものではなく、国が決定するものだ」という、皮肉な声さえ聞かれたこともある。だが、最終的な決定に当たり、佐賀県を上げての陳情活動が大きな功を奏したことは間違いないであろう。

この国営公園としての正式な採択までには、約三年かかった。総事業費数百億円という事業であり、右から左に、はい、そうですか、というわけにはいかないだろうから、仕方がなかったのかもしれない。

もう一人の功労者

話は少しそれるが、佐賀県は昔から「葉隠《はがくれ》武士」という言葉に代表されるように、質実剛健を旨とし、非常に閉鎖的なまでも保守的な県である。保守的である、ということはもちろん一長一短あるが、新しい町作り、という点では残念ながら大きな障害になっている。その最たるものが、発想の転換の乏しさであり、保守的であるがゆえに革新的なことを好まず、世間の評判、といったものにいつも過剰なほど敏感である。

ある時、町作り講演会なるものがあって、私も聞きにいったことがある。そのなかで、講師の方がおもしろいことをいわれた。「私はいろいろな町にでかけるたびに、その町のいろいろな名前、たとえば町の名前とか通りの名前とかに注目します。そういう意味では、ご当地佐賀は、あまり発展的ではないですね」と。

この講師は、たとえば古くから残っている地名や由緒ある地名を新しいものに変えろ、といっているわけではない。現代の私たちが名づけた地名などから、その土地の人々の考え方がなんとなく分かる、というのだ。いわれてみると確かにそうだ。木をたくさん植えた公園は「森林公園」、北に新しい道を作ると「北部バイパス」、ひどい所になると「駅南口南」などという交差点さえある。これでは進取の気勢にとんだ町とはとてもいえないだろう。こんな風土だから、なにごとにおいてもその姿勢は、「冒険」より「手堅さ」になる。

そんな佐賀県が、吉野ケ里の国営公園化実現に向けては、全国がアッと驚くPR作戦を展開したのである。東京の地下鉄の駅に行くと地下鉄路線図が置いてあるが、一時期、この路線図の裏が吉野ケ里の写真だったことをご存じの方がいるだろうか。さらに、現在の井本知事を先頭に建設省へ陳情に行った時には、知事の横に、眩しいほどのミニスカートの卑弥呼《ひみこ》ルックに身を包んだ「プリンセス」が同行し、ニュースでも大きく取り上げられたほどである。陳情活動の是非はともかく、きわめて封建的な佐賀が、これほどまでに大胆な行動を取ることができた、吉野ケ里の効果はこんなところにもあったと思うのだが、どうお考えになるだろうか。

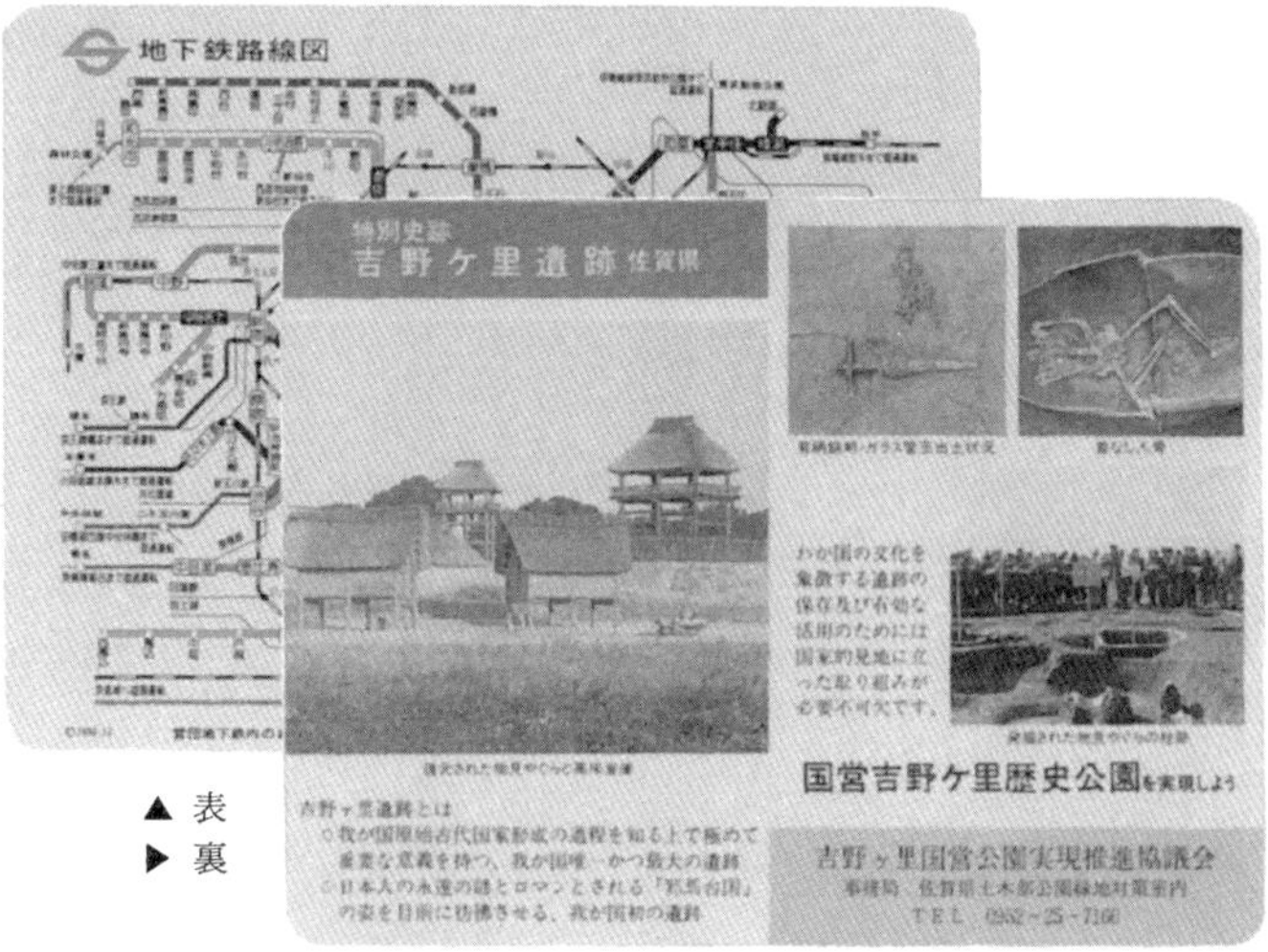

▲ 表
▶ 裏

東京の地下鉄路線図（1990年11月）

著者の使用している名刺

1992年頃から，佐賀県庁の職員は国営吉野ヶ里歴史公園の実現をめざし，ＲＲ作戦の一環としてこのような名刺を使用した．また地元３町村でも，それぞれオリジナル名刺を作成，職員に配布してＰＲに努めた．

じつは、吉野ケ里の功労者の項では書かなかったが、吉野ケ里保存の最大の功労者は当時の香月知事だ、とよく騒がれた。たしかに否定はしないし、文化財関係者として感謝している。しかし、香月知事の名前だけが吉野ケ里に関連して出てくるのはどうか、とも思う。吉野ケ里が発見される以前から、私は県立歴史資料館や肥前名護屋《なごや》城跡並びに陣跡の保存整備の仕事にも携わっていた。その時から感じていたことであり、これは佐賀ばかりではないかもしれないが、とかく地方の町は「作る」ことに執着しすぎるところがある。

資料館でも公園でも、他の施設でも、「作ればいい」という発想しかなく、あげくの果てには「他にあって佐賀にないから作ろう」ということになる。これは私にいわせればとんでもないことである。他にあるのなら、なにもわざわざ佐賀に作る必要はないだろう。このことについてはいろいろな考えがあるだろうから言及しないが、ようは、「作る」ということは決して最終目標ではないということなのだ。

資料館などの施設にしても公園にしても、最終的な目標は、いかにしてその施設なり公園を活用していただくか、ということであり、「作る」という行為は、その活用のための施設としての条件整備にすぎないと思う。「作る」ことが最終目標になってしまっているから、完成した後のソフト計画や運営計画はずさんなものとなり、当然、一度行った人は二度と行かない、赤字だらけの施設が残るだけになる。

吉野ケ里でも同じことがいえるのではないだろうか。「保存」するだけなら、そうむずかしいことではない。大切なのは、保存した後、それをどう活用するのか、保存によって生じるさまざまな問題に、どう対応して行くのか、ということであろう。そういう意味において、建設省という役所に、ミニスカートの卑弥呼ルックの女性まで同伴して吉野ケ里の国営公園化実現に努力していただいた、現在の井本知事の功績は大変大きなものがあると思う。それも、吉野ケ里の功労者は前知事の香月知事だ、という声が、まだ生々しく残っているなかでの取り組みである。

県のトップとして当然、といえばそうかもしれないが、人間、なかなか口でいうほど簡単には動けないものだし、また、マスコミが常に注目しているなかでの行動だ、仕方なしにやっているかどうかは、言動の端々からすぐ感づかれてしまうだろう。

あらためていいたい、吉野ケ里は幸せものである。

公園区域決定

一九九二年（平成四）一〇月、吉野ケ里は、はれて国営吉野ケ里歴史公園として整備されることが、当時の宮沢内閣によって閣議決定された。

国営公園としての面積は五四㌶。佐賀県が要望していた一一五㌶にはおよばなかったが、

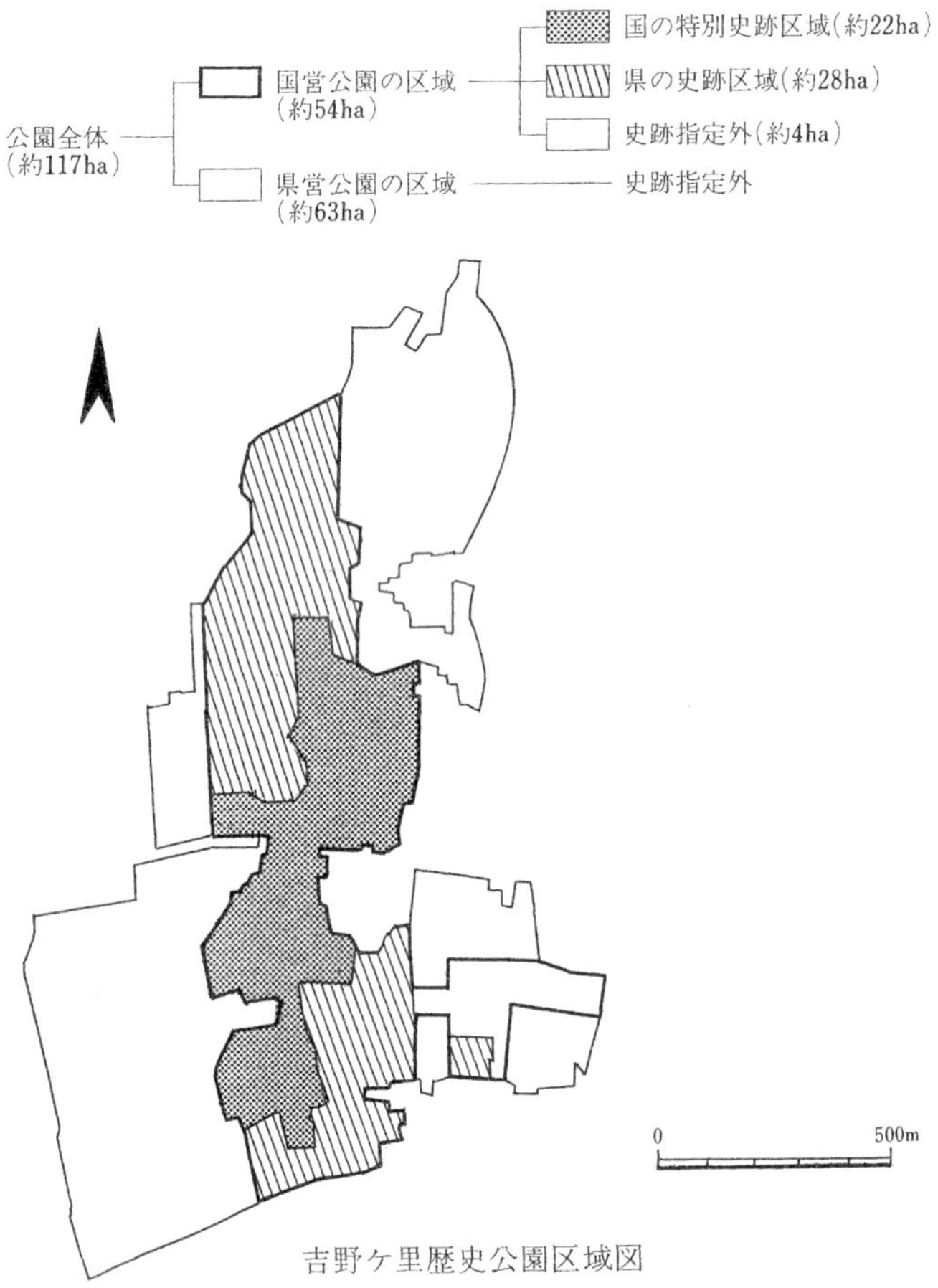

吉野ケ里歴史公園区域図

国営吉野ケ里歴史公園工事事務所

これで名実ともにわが国を代表する超一級の遺跡としてのお墨付きをいただいたことになる。

県では、この決定を受け、国営公園区域の外側に、環境保全とアミューズメント施設群整備の目的で、六三㌶の県営公園を設置することを決定した。これより先、吉野ケ里は国営・県営一体となった一一七㌶の広大な歴史公園として整備を進めることになる。

吉野ケ里の国営公園整備決定を受け、建設省は、佐賀国道工事事務所内に「公園課」を設置、担当の副所長以下四名のスタッフが配置された（現在は、国営吉野ケ里歴史公園工事事務所として、ＪＲ神埼《かんざき》駅前に専用施設を設置、所長以下二〇名近いスタッフが配置されている）。一方県でも、用地買収と県営公園整備の窓口として、吉野ケ里公園課を新設し、一〇名ほどのスタッフが配置された。

吉野ケ里歴史公園整備は、このようにして国・県が力を合わせての一大プロジェクトとして、私たち文化財サイドを含めた三者によりスタートすることとなった。

この基本計画については、計画策定に当たって私たちが考えてきたこと、反省したことなどのいくつかを紹介してみたいと思う。

基本計画作り

吉野ケ里歴史公園の基本計画作りを行なうに当たり、私たちはスタッフ全員の共通理解を図るため、まず吉野ケ里遺跡の勉強からはじめた。国のスタッフは驚くほどこの歴史の勉強に熱心で、また理解も早かった。

正直なところ、私たちのなかには不安があった。それは整備主体が建設省になると、文化財のことにはあまりお構いなく、勝手な公園を作られる、という情報が耳に入っていたからである。しかし、実際にスタートしてみると、この不安はすぐに解消した。副所長以下、国のスタッフは、これまでになかったわが国初の本格的な歴史公園作りにチャレンジしようという気概に溢れていたのである。

本来なら文化財サイドでやるべき専門的な調査についても、必要と分かれば予算をつけていただいて、何回も勉強会を重ねた。副所長などは、暇を見付けては私たちの職場にやってきて、自分の疑問や不明な点について質問したり、意見を述べるなど、そこには多分日本でも初めてではないか、と思うくらいのスタッフの和があった。

ただ困ったのは、コンサルタントである。なんだか彼らの悪口ばかりいっているようで申し訳ないが、公園整備と遺跡整備との違いについて、サービスのところでも書いたように、マニュアル通りにはいかない、ということがなかなか分かって貰えない。肝心の吉野ケ里についても、表面的な理解だけで、全国の弥生時代の遺跡はどこでも同じだというようなとらえ方しかできていない。

何回か会議を重ねるうち、これではどうしようもない、と考えた私たちは、思い切ってみんなで飲みにいくことにした。最初は口数も少なく、ビールを喉に流し込んではボソボソという程度だったが、ある程度お酒が進んだ時、いきなりコンサルタントが私たちに絡んできた。「実は私はこうしたい、と思っているのだが、こういう考えはダメだろうか」、会議では決して聞けないこういう意見を皮切りに、つぎからつぎへと不平・不満、疑問・質問がとびだした。こちらも思っていることをズケズケといい出したから、もう止まらない。「どうしてそれを会議の場でいわないの。仕事だからといってするのではなく、あんたも吉野ケ里をまず本当に好きになってよ。その上で、自分ならこうしたい、という考えを聞きたいんだよ。会社のメンツとか、雇っている側と雇われている側の関係なんてどうでもいいんだ。会社スタッフではなく、吉野ケ里に一緒に携わる人間としてのあんたの考えが聞きたいんだよ」。

これ以降、私たちの関係は素晴らしいものになった。請け負った会社のスタッフとしてではなく、吉野ケ里をみんなで素晴らしいものにしたい、そのためには、意見があれば遠慮なくいう、素人でも専門家に食ってかかる、こういう関係は、たとえ会議で自分の意見が届かなかったとしても、みんなで決定したことなら文句をいわずにやろう、という理想的な姿へと変わっていったのである。

現在私は、吉野ケ里博物館（仮称）の整備計画に携わっている。まだ事業としてはスタートしたばかりであるし、コンサルタントも決定していない。しかし、物が物であるだけに全国の著名なコンサルタントや建築事務所の方々がほとんど毎日のように見える。その時、私は必ずこの基本計画作りの話をさせてもらう。どこに決定するかは指名委員会などに図るので、もちろん私にはその権限はないが、仮に一緒に仕事ができるようになったとするなら、会社の名前は忘れてほしい、過去の実績も忘れてほしい、委託・受託の関係も忘れてほしい、吉野ケ里博物館にとってなにが一番大切なのか、極端にいえば心中するくらいの気持ちで、一人の人間として参加していただきたいと。

この取り組みの姿勢は、遺跡整備や博物館建設などにかぎらず、どんなことにでも当てはまると思う。仕事だからやるのではない、自分の意思でやるんだ、そんな気持ちに溢れたスタッフが増えれば、お役所の仕事だから……、などという言葉も聞こえなくなると思うのだが。

吉野ケ里歴史公園の基本計画策定に当たっては、委員会を設け幅広いご意見を伺った。そのなかで、普段なにげなく私たちが使っている言葉にお叱りをうけたことがあった。いわれてみれば至極当然なのだが、心に残っているので紹介しておく。

大きなお世話

それは、歴史公園の基本テーマを検討していただいている時だった。ワーキングのなかでいくつかの案が示され、最終的に四つか五つの案を提案していたと思う。たとえばこんな具合である。

「壮大な弥生《やよい》のロマン　吉野ケ里」

この時、委員のお一人であった犬養智子さん（作家）から、指摘があった。

「みなさんは、どこに行っても〝ロマン〟という言葉をお使いになるけど、基本テーマにはそぐわないものじゃないかしら。大体ロマンなんていうものは、個人個人が自分で感じるものであって、人から感じて下さい、なんていわれるものじゃないと思うわ。吉野ケ里で古代のロマンを味わう人もいれば、周辺の景観に自分の故郷の風景を思い浮かべてロマンを感じる人がいるかもしれない。なかにはここで初めてデートをして、そのロマンに浸る人がいたっていいわけでしょう。それなのに、弥生のロマンだとか、太古のロマンだとか、しかもそれを押しつけるようなテーマなんて、大きなお世話だと思いますよ」

そっと辺りを見回すと、当惑するより、そうだよなぁ、という顔をした人の方が一方的に多かった。私も感心した一人である。口では、吉野ケ里だけは行政みたいに押しつけはやめようね、などといいながら、肝心なことはなにも分かっていなかったのだ。まさに汗顔の至り、しかし世のなかには、凄い発想・考えを持っている人がいるものだと、あらためて感心した次第である。

国営公園になってよかったか

さまざまな紆余曲折《うよきょくせつ》を経て、吉野ケ里はいま、歴史公園としての整備に一部着工している。よそから見れば、まさに順風満帆、それこそ自分たちの好きなことで給料を貰い、世間の人々からは花形のように思われて、楽しいことばかりだろうね、という皮肉めいた言葉をよく聞く。現実は全然違うのだが、ここで釈明する気はない。

頭が痛いのは、国営公園になって本当によかったのか、という疑問のようなものが最近私の頭の中から離れないことだ。建設省のスタッフとうまくいっていない、とか、自分たちの手からだんだん離れていってしまうとか、そんな次元の低い話ではない。県にしても、地元町村にしても、吉野ケ里は国営公園になったのだから、もうあまり口出ししないほうがいいのではないか、という考えが、次第に広がってきていることである。

当然予算も削られてくる。「もう県がする必要はないよ」、この一言で、なんとなく片づけられてしまうことが多くなってきた。私はそうではないと思っている。先述したように、国営だろうとなんだろうと、公園は作ることが目的ではなく、いかに活用するか、が大事なはずである。

公園が完成した後、県として、地元として、その公園の活用をどう図っていくか、地域活性化に結びつく経済論はもとより、その主体性が一番問われていることではないかと思う。国が作るから県はもうあまり手出ししない、国が作るから町村はあまり口出しできない、そんないいかげんな話はないはずだ。国が作る、ということはあくまで事業主体の問題であって、地元としてそれをどう地域に生かすか、ということについての佐賀県の姿勢が問われていると感じているのは、私一人だけであろうか。

一時、県議会では頻繁に吉野ケ里についての質問がなされ、文化財が議員の票に結びつく、という現象までおきた。最近では、議会の質問に上がることなどほとんどない。国営にすることで決まったからだろうか。そうだとすれば、佐賀はなんとつまらない所だと思われることだろう。人のフンドシで相撲をとって、世間の目ばかり気にして、マスコミの記事に左右されて、自分たちで考えたことなどなにもない、そんな県になってもいいのだろうか。

住みたい県日本一を目指すのなら、真の独自性・主体性がなければ、緑化基本計画と同じ憂き目に遭う。県が策定した緑化基本計画については、過去、「この計画書から佐賀県と言う文字を取ると、どこの県のものか全く分からない」という痛烈な意見が委員から出された。それと同じ結果になりそうな気がして仕方がない。

なにも私たちの要求に予算をつけてほしいとか、吉野ケ里をもっとPRしてほしい、とかいっているわけではない。自分たちの町の自分たちの遺跡、そして公園である。自分たちでもっと責任を持ちたいといっているだけである。「私どもの県には、国営の吉野ケ里歴史公園があります」。だからなんだというのか。自分たちでその公園を愛し、活用し、育てていかなければ、吉野ケ里の地は、佐賀県のなかの空白地帯、江戸時代のように「天領」になってしまうだろう。

国営になったから、県も地元も県民も、関心がなくなってきているとしたら、なんのための国営公園要望だったのか。名前だけ格好よければよかったのか。有名になったからといって、それだけでは地元の利益にはならない。

こんな話がある。ある海岸の町に、大手のリゾート開発が入ることになった。町も町民も大喜び。これで人が集まり、さらには大きなホテルができて雇用が確保され、そのホテルで使う食材も地元の産物を使って貰える。結果はどうだったか。地元にはそれこそゴミと騒音しか残らず、その海岸線の町は一つも豊かになっていないという。

なぜだろう。高級リゾートホテルには、ホテルマンのプロが要求される。失礼だが、地元のオバサンたちが雇って貰えるほど甘くはない。レストランのウエイトレスにしても、ルームサービス係にしても、教育されたスタッフが入って来るのだ。地元の雇用はといえば、ゴミ焼却程度のわずか数人。さらに、食材にしても、そのホテルでは一流のシェフによる料理を売り物にしている。地元で取れた、いくら無農薬とはいっても、曲がりくねったキュウリでは買ってもらえない。一日何百本もの真っ直ぐな、同じ長さのキュウリの需要に応じられる農家はなかった。

民宿経営なら少しは違ったかもしれないが、なにしろ大手のホテルである。ホテル側に問題があるといったらそうかもしれないが、現実は現実だ。結局、地元の雇用もほとんどなく、食料もほとんど買ってもらえず、自分たちの海は、まったく知らない所からきた人々が占領しているだけ。そして、海岸線の汚れだけが地元にツケとして回ってくる。

実際にあった話である。これは、結局人まかせにして、自分たちでなにも考えなかった結果である。国営公園そのものが悪いわけではなく、内容が悪いわけではもちろんない。ただ、あまりにも人まかせにしておくことの恐ろしさをいいたいだけなのだ。

これから吉野ケ里歴史公園をどうしていくのか、それは私たちみんなが考えなければならない課題である。県民一人ひとりが考えなければならない課題である。そのために、私たちはなにをなすべきか。私たちになにができるのか。

今、私の頭のなかには、このことが渦巻いている。

市民交流と「姉妹遺跡」

遊びへの挑戦

ヨハン・ホイジンガという人は、「人間は『理性の人＝ホモ・サピエンス』ではなく『遊ぶ人＝ホモ・ルーデンス』である」といったそうである。

遊びという言葉の定義を考えるととてもむずかしくて迷路に入りそうだし、遊ぶことについてはとりたてて大義名分を振りかざす必要もないだろうから、なにも遊びの定義を述べようとは思わないが、これまで「遊び」が私のモットーだと言ってきた責任上、私が考える遊びというものについて、少し述べたいと思う。

といっても、これといった考えがあるわけではない。ただ、いままでの全国の遺跡整備や博物館の整備では、あまりにも「教育」とか「勉強」とかという言葉が間違った方向に使われているような気がして、それに対する反発みたいなものかもしれないが。

もっとも、「教育」という言葉自体は決して悪い言葉ではない。これも語源を探してみると、「エデュコ」すなわち引き出す、という意味があるらしい。人間一人ひとりのなかに潜在的に秘められている能力を引き出すこと、それが教育という意味だそうだ。とすれば、いまの教育はたしかに「教育」とはいえないのかもしれない。教育論をぶとうというのではない。遺跡整備や博物館の活動方針に使われている「教育」という言葉が、本来の意味をもっているのならなにもいうことはないが、これが押しつけの「教えてやる」になると、かなりの問題があると思う。

吉野ケ里のコンセプトを尋ねられた時、私は「吉野ケ里で遊ぼう」という答えをしていることは前に書いたとおりである。犬養さんの言葉ではないが、遺跡に来て「ロマン」を感じるのもその人の勝手なら、ただ遊ぶのもその人の勝手である。私がめざす遊びの本質もここにある。

それは言い換えればなにか、多分「自分探し」ではないかと思う。何回も書いたが、遺跡でなにを感じるかはそれぞれ人によって違う。ただ大切なのは、この「感じること」そのものではないだろうか。そして感じたそのなかから自分を見つけ出して行く。うまくは書けないが、だから私は「自分探しのため」に、遺跡でいろいろなイベントをやっているのかもしれない。

そのためにも、吉野ケ里は「感じる場」であってほしい。公園としての大がかりな装置や立派な整備にのみとらわれるのではなく、自由になにかを感じる場、自分を見つけだす場、そういう場になれば素晴らしいと思う。どんな状況のなかに身をおいていても、そのなかで自分を表現すること、自分自身を探していくこと、これが私のいう遊びである。

吉野ケ里イベント・アラカルト

吉野ケ里では、仮整備終了後、じつにいろいろなイベントが催されてきた。佐賀県主催の吉野ケ里フェスタ、吉野ケ里菜の花マーチ。県教育委員会主催の青空考古学教室や物見櫓《やぐら》登楼会、弥生のまつり、見学者何百万人達成記念行事、ワーキングミュージアム。そして、地元や企業による各種イベント。年間を通じて、なにもない月は多分ないだろう。

これまでおもしろかったのは、日本青年会議所の月例会。これは遺跡の真ん中に座って例会を行なうもので（普段はホテルかなにかでやるのだろうが）、会頭が来て挨拶をしていたのを思い出す。さらには、日本調理師連合会による食のコンテスト、地元神埼郡主催

(1)

(2)

(3)

(4)

吉野ケ里のイベント

(1) 物見櫓登楼会（1991年８月）
(2) 吉野ケ里「弥生の春まつり」（1994年３月）
(3)「卑弥呼杯」バルーン大会（1996年５月）
(4) 手作りコンサート（1996年11月）

の少年剣道大会など、およそこれまでの遺跡では考えられなかった催しが数多く実施されてきた。

県や県教委が行なうのは別として、民間の方々が遺跡内を使用するさいには、一応許可がいる。特別史跡指定地でもあるので、文化庁に現状変更の許可を貰わなければならないところだろうが、施設を建設するわけでもなく、ただ遺跡内でソフト事業を展開するだけなのだから、許可を出すことにしている。

大変失礼ないい方だが、会場借用に来る人たちの表情がおもしろい。ほとんどの人は、有名な吉野ケ里遺跡、それも国の特別史跡だから、多分ダメだといわれるだろうな、という、最初から諦め顔で入ってこられる。あるいは、こういうこともやりたいのだが、許可してもらえないだろうな、と自分たちで勝手に決めつけて、せっかく遺跡でイベントをやるのに、おもしろくもなんともない企画になっていることが多い。

基本的には、私の答えは決まっている。「遺跡でやりたいのですね、いいですよ」。依頼にくる九割の人は、一瞬ポカンとした表情をされる。それからおもむろに問い直される。「本当にいいんですか」。私は、遺跡というものは、囲い込むものではないと思っている。だれでも自由に使える場でなければならないと思っている。ただし、遺跡である以上、遺跡の破壊につながる行為だけは決して許してはならないが、遺跡の保存に影響がないかぎり、どこの遺跡であっても万民のための遺跡だと思っている。

したがって、ほとんど断ったことはない。しかし、なかには私のそういう態度に、首を傾げる人もいる。「遺跡でなにかをやるなら、その遺跡にふさわしいことをやるべきだ。遺跡にも時代にもそぐわない内容のイベントはやるべきではない」と。たしかに一つの考え方であろう。だが、「ふさわしい」とか「そぐわない」というのは、なにを根拠にいっているのであろうか。「らしさ」ということについては前に書いたが、「ふさわしい」ということも同じことではないだろうか。

そもそも遺跡は、私たちの祖先の生活の場である。そこでは、人々は日常生活を営み、歌を歌ったかどうかは分からないが「まつり」を行ない、恋愛もあれば悲しみもあっただろう。極端ないい方をすれば、人々のいろいろな楽しみもまた、そこで繰り広げられてきたのである。時代が変わって、人々の楽しみ方も変わってきてはいるが、みんなで楽しむ、という本質的なことに変わりはないだろう。

弥生の遺跡だから、音楽会やるなら弥生の音楽を。吉野ケ里だから吉野ケ里の時代にあったものを。こんなことをいうのは、吉野ケ里のある町だから、バス停も駅もトイレもみな高床倉庫風・物見やぐら風にしようという発想と一つも変わりがない。遺跡のなかで現代の音楽会をやっても、過去と現在の音楽くらべ、などと、無理して大義名分を掲げる必要もない。それこそ「感じる」心があれば私はそれでいいと思っている。

もう一つは、最初から「これはできないだろう」という枠を、自分たちではめてしまうことの寂しさだ。イベントは、それを見にくる人、参加する人はもちろん、それを行なう人にとっても楽しいものでなければ意味がない。主催する人たちが、義務でやったり嫌々やっていて、見にくる人に楽しさや面白さを感じてもらえるわけがない。

私は相談に来る人にいつもこういっている、「ほかにやりたいと思ったことはないのですか、たとえば本物の火を使うとか、実際に食べるとか」。「やりたいことはあるのですが、ここは遺跡だからどうせダメだろうと思って外しました」、私にいわせるとこれがいけない。できるかどうかは分からなくても、自分たちがやりたいと思ったことを、とにかくすべて上げてみる。そして、ひとつひとつについて、みんなで知恵を出し合えば実現可能になることもあるのだ。最初から「これはだめだ」という枠の中に自分自身をはめ込むことが一番いけないと思う。

もっとも、時間的に余裕がなかったり、費用的な問題があったりして、なかなかそうはできない、という声もあろう。しかし、イベントもまた、遺跡整備と同じで、内容や手法以前にコンセプトが重要ではないだろうか。コンセプトとは決して大義名分ではない。自分たちのやりたい思いが、いかに伝わるか、という、いわば「覚悟」のようなものだと思う。悲壮的になる必要はないが、それこそ「感じ方」の問題であろう。遺跡内であっても、火を使いたかったら火を使えばいい。火事にならない注意だけをしていれば、断る理由はなにもないのだ。

もちろんこれが、一企業のＰＲイベントだったり、極端にいえば選挙運動だったりするなら話は別である。しかし、そのイベントが自分たちの楽しみであると同時に、遺跡を訪れている人たちのためのイベントなら、私はこれからもどんどんやってもらいたいと思っている。

国際交流事業

吉野ケ里には、じつにさまざまな国や地域からの見学者も少なくない。よくユニバーシアードやオリンピックなどで「過去最高の国と地域からの参加」などといっているが、一遺跡としては全国一の多さであろう。

吉野ケ里ともっとも関わりの深い中国や韓国からはもちろん、アメリカやヨーロッパ、さらにはアフリカ大陸にいたるまで、ＵＦＯを除けば、本当にたくさんの方々にお見えいただいている。いや、もしかしたらＵＦＯも来ているのかもしれない。なにしろ遺跡に隣接する水田に、巨大なミステリーサークルが出現したこともあるのだから。

このおかげで、じつに恥ずかしい話ながらオマーン王国というのがあるのも知ったし、宗教上の理由から準備した食事が食べて貰えなかったこともある。戒律の厳しいある宗教では牛肉は絶対食べないし、羊肉はちゃんとお祈りをしたものしか食べない。さらに驚いたのは、食事の途中でいきなり「東はどちらか」と尋ねられ、教えるとやおら膝まづいてお祈りを始めた人たちの国もあったことである。

このように、さまざまな文化を持った国や地域から、たくさんのお客さまを迎えているが、吉野ケ里と関係の深い、という点ではやはり中国と韓国である。

吉野ケ里の調査研究のためには、特に東アジアとの関係が無視できないと考えた私たちは、吉野ケ里を、歴史を通した新しい国際交流の拠点にしようと考え立った。これは、従来行われているような、年に一、二回程度のシンポジウムや視察訪問だけではなく、共同発掘調査や共同研究の可能性までをも視野に入れた、いわゆる「姉妹遺跡」構想である。さらに、学術交流のみではなく、将来的には市民交流にまで発展させたいという構想も含まれている。

半坂遺跡（中国陝西省西安）
覆屋により発掘遺構（環壕跡）の露出展示をしている．

こう書くと、もうどこでもやっているのじゃないの、と思われる方もいらっしゃるかもしれないが、たしかに「姉妹都市」などのなかの一分野としての取り組みは行なわれているものの、遺跡同士が姉妹関係を結んでいる例はない。

とはいっても、そう簡単にいくものではないし、最初から幅を広げ過ぎてもまとまりがつかなくなると考えた私たちは、この新しい国際交流への取組みのスタートとして、中国を選んだ。浙江省にある「河姆渡《かぼと》遺跡」は、世界稲作発祥の地として有名であるし、陝西省の「半坡《はんぱ》遺跡」は、吉野ケ里のルーツとでもいうべき著名な環壕集落である。

この二つの遺跡の関係者と、吉野ケ里のシンポジウムなどで親しくなっていた私たちは、彼らが佐賀にやってきた時に、なにげなく切り出してみた。「是非やりたい」、一も二もなく彼らもこの話にのってきてくれた。こうして、一九九二年（平成四）秋、具体的な取り組みへの第一歩を踏み出すこととなった。

しかし、中国と日本では行政システムに大きな違いがあり、日本では「県」の判断で行なえることが、中国では必ず中央政府の国家文物管理局の許可が必要であったり、さらには、遺跡関係者より、省の役人との関係を重視しなければならなかったりと、なかなか思うようには進んでいない。相手の窓口がよく分からない、話を進めるルートが摑めないということが一番困る問題である。いつも市民の方から「県庁に電話するとたらいまわしにされる」とか、「窓口がはっきりしない」とかの苦情をいただくがまさにその通り、よそのことをいう前にまず私たち自身が反省すべきことであろう。

　この国際交流事業については、話し合いのため中国を訪れるたびに希望者を公募し、市民の方々にも必ず参加していただいている。さらに、単年度ごとの取り組みではなく長期的な視野での取り組みを考え、「国際交流友の会」として、いずれ市民の方々が主役となる事業へと発展させていきたいと考えている。幸いなことに、中国でも、また参加者からも大好評を得ており、国際交流もまた遺跡整備と同じように、市民のための交流でありたいと考えている。

吉野ケ里博物館への挑戦

博物館施設への取り組み

吉野ケ里の歴史公園化を進めるなか、博物館施設をどうするかの検討が行なわれた。発見された当初から計画はあったものの、国営公園との絡みで、一時その取り扱いは棚上げになっていたのである。

私たちとしては、国営公園とは別に、博物館施設はやはり私たちで作りたい、との思いが強くあったが、佐賀県内部では、どうせなら博物館施設も国に作ってもらってはどうか、という声もあった。正直いって、博物館施設の建設には多額の費用がかかるため、吉野ケ里の保存から国営公園へと進むなかで、県はすでに多額の支出を余儀なくされており、これ以上の財政負担はきわめてむずかしい状況にあったのも事実である。

この問題については、当然ながら県内部だけではなく、国営公園を所管する建設省との間でなんども協議が重ねられた。その結果、陳列館は良いが博物館施設となると都市公園法が規定する公園内の施設としてはなじまないこと、国営とはいっても、佐賀県としての主体性・独自性を持った取り組みが必要であり、そのためには博物館施設の建設が一番望まれること、などの理由により、最終的には一九九三年（平成五）秋、県として博物館施設を建設していくことが確認された。現在、まだ計画策定の段階であり、具体的な中身についてはなにひとつ決まっていないが、これまで紹介してきた整備の考え方やサービスの考え方などを踏まえて、私たちがなにを考えてきたのかを簡単に紹介してみたい。

日本において、公立の博物館ほど人気のない施設はない、といわれている。アメリカ紀行でも紹介したあちらの博物館とは大違い、子どもたちなんかは博物館に行こう、などといっただけで、露骨にいやな顔をする。私たちの博物館建設へ向けての第一歩は、この理由を解明することから始まった。

とかく博物館を建設することになった場合、展示内容や展示手法にばかり気を取られ、気がついてみたら、「〇〇〇博物館」の〇〇〇を別の名前に置き換えたところで、ひとつもおかしくない計画書によくお目にかかる。博物館が存在する地域性やその計画にある背景、さらには博物館自身がめざす方向性などが、言葉の上では検討されているものの、実際には格好いい言葉が並べられているだけで、中身が伴っていない。そして、展示手法すなわち仕掛けや装置に主眼がおかれ、なんだか博物館というよりはパビリオンの計画書を見ているような気がするものばかりである。

吉野ケ里博物館（仮称）建設に向けた私たちの取り組みは、これからの日本における博物館はどうあるべきか、について検討することから始まった。従来の公立博物館の欠点や諸外国の博物館との比較のなかで、これからの日本に求められている博物館像を、自分たちなりにまとめてみようということである。

そのためのブレインとして委員会を設置した。ただしこの委員会は、まったくフリーな立場から、個人的な考えでも構わない幅広い視点からの意見を伺うことを目的として設置したため、博物館建設の委員会にしてはきわめてユニークなメンバー構成となった。委員数一五名。考古学関係三名を除けば、東京ドームのデザイン顧問、わが国有数のテーマパーク運営本部長、旅館の女将、作家・マスコミ関係者・市民代表など。「なんだ、結局集客のための方策を検討しているだけじゃないか」と誤解を受けそうだが、そうではない。博物館は市民のための施設である。そのためにはなにをするべきか、サービスの本質を見極めている人、豊かな感性を持っている人、そういう方々の意見を聞くことによって、これまでの日本における博物館の考え方そのものの殻を打ち破りたい、と考えたのである。

委員会は二回開催し、特別なテーマは設けず、本当に自由な発言をいただいた。その結果について、簡単に紹介してみたい。

官僚的・管理的になるな

いきなりの指摘である。いわれるまでもなく、わが国の公立博物館にはこの考えが根強く残っている。国民の貴重な財産を預かっているのだから、管理には十分に注意しなければならない、という気持ちは分かる。しかし、「預かっている」のではなく、まるで自分たちのもののように勘違いして、「見せてやる」という姿勢になっていることに問題があるのだ。

展示についてはこんなことがある。見学に来る人は、展示されている土器や遺物が、学芸員や専門職員によって何時間も考えられ、ああでもない、こうでもないと考えられた末の結果だと気がついている人はあまりいないだろう。しかし、彼らはひとつの土器を並べるだけで、じつに多くの時間をかけている。もちろん私のように専門職員ではない者には、一切触れさせてくれない。それは別に構わないのだが、並べ終わった後、右と左では、五ミリくらい違いがあるとか、線が揃っていないとか、そういうことをいつまでもやっている。

そして「展示にはストーリーが必要だ」というのも彼らの口癖である。しかし、私などが一市民の立場でその展示を見る時、どこに、なんのストーリーがあるのか、ほとんど分からないことが多い。アメリカの博物館のことを前に紹介したが、日本のように一直線に並んだ展示はない。一見無造作に（学芸員のポリシーはきちんと生かされているのだろうが）本当に無造作に置かれている感じで、それが見る側に妙な安心感や親しみを感じさせてくれる。

国民のための資料、といいながら、じつは自分たちだけがその資料を取り扱う権利があって、自分たちの立場で展示を行なう。「見せてやる」という姿勢が露骨に現れているのである。「市民の立場に立って」「見る側の立場に立って」という考え方や配慮は、そこには感じられない。

この官僚的・管理的ということについては、もっと過激な意見もでた。「日本の博物館に行くと〝警備員〟〝監視員〟なる人が、目立つ所に必ずいて、私たちを睨んでいる。国民のための博物館であり資料であるのに、一体なにを監視しているのであろうか」と。

吉野ケ里が発見された時の状況を紹介したなかで、日本人のマナーの悪さについて指摘したが、たしかに日本人の見学マナーは最低である。国内でも国外でも、至るところでそ

博物館委員会議事風景（1996年10月）

サンタフェの中心部にある広場

ういう光景に出くわす。だから、ある意味では仕方がない、と思う反面、この意見にも納得するところがある。むずかしい問題ではあるが、目を逸して通り過ぎる問題ではない。吉野ケ里博物館（仮称）の課題の一つである。

人と人とが出会う場所

博物館という施設をどう考えるか、展示を見たり研究を行なうところ、という考え方が日本には強い。しかしアメリカやヨーロッパでは違う。人々が集う場所、としての意味合いがかなりある。

カナダのバンクーバーにある博物館に行ったときのことである。展示は夕方五時で閉館になるのだが、その時刻がすぎたころから、人波が多くなってくる。博物館のなかにあるレストランに食事に来ているのだ。もちろんこのレストラン、博物館のなかにあるが入場料はいらない。林田重人前教育長からも聞いたことがある。ドイツに行ったとき、博物館の中庭があって、そこは夜になると火が点り野外レストランとして人々の憩いの場になっている、ということだ。

共通しているのはなんだろう。なにも、ただレストランがある、ということではない。博物館という施設、あるいはその場所が、地域の人々にとっての憩いの場所になっている、ということである。日本のように特別の空間では決してない。博物館そのものが地域と完全に一体化して、極端にいえば地域づくりの核になっていることである。

したがって、そこにはさまざまな人が訪れる。その結果なにが生まれるか、人と人との出会い、触れ合いが生まれるのである。展示を見に行くところだけが博物館ではない。それでは、レストランや広場があれば、人々はそこに集うのだろうか。この問題については、じつは国民性に大きな関係があるような気がしてならない。

またまたアメリカでの体験談。サンタフェという、とても素敵な小さな古い町がある。町の中央にある広場を中心に、昔からの雰囲気のよい町並みが広がっている。新しいものにすぐとびつく私たちの町とは根本的に違う、町づくりの姿勢が伝わってくる町である。その広場で、ある若いカップルと知り合った。なんでも彼がこのサンタフェの出身で、彼女はソルトレイクシティーかその近くの出身であると聞いた。大学で知り合ったこの二人は、夏休みを利用して、彼の故郷であるサンタフェに遊びに来たばかりだった。

私は彼らに聞いてみた。「これからどこに行くの」。二人は躊躇《ちゆうちよ》なくこう答えた。「まず最初にミュージアムに行くんだ。それから僕の家に彼女を連れていくよ」と。「なぜ、最初にミュージアムに行くの」。私の問いに、彼は笑いながらこう答えてくれた。「僕という人間を彼女に理解してもらうためには、僕がどんな町で育ってきたかを知ってもらうことがとても大切だと思う。だから、僕が育ったこの町の歴史が詰まっているミュージアムに行って、この町のことを、まず彼女に知って貰いたいからさ」と。

私が出会ったこの二人が極端な考えだと思うかもしれない。しかし、この後の一〇日間の旅のうち、私はいたるところで同じ話・同じ光景を目にしてきた。自分が生まれ育った町に誇りを持ち、自分という人間が、その町の長い歴史のなかで形成されてきたことに誇りを持ち、だからこそ自分の町を心から愛する。こういう考え方を持っている人たちにとっては、博物館は心の故郷なのであろう。

残念ながら、日本人でこんな考えを持っている人にはほとんどお目にかかることができない。自分の国や町の歴史・風土には無関心にもかかわらず、ヨーロッパやオーストラリアなどに憧れる。そして、豊かな生活を背景に何度もそういう国を訪れ、あげくの果てにはその国の根本にはなにも気づかず、ショッピングと記念写真に明け暮れ顰蹙《ひんしゅく》だけを残してくる。

吉野ケ里に携わっている関係で、いろいろな国の人と出会う機会が多いが、必ずといっていいほど彼らの口からでるのは「日本人は自分の国や町の歴史をほとんど知らない」という言葉である。ショックである。

話が少しそれたが、こういった国民性の違いが、日本の博物館のあり方に大きな影を落としていることも事実であろう。かといって、そう悲観したものでもあるまい。博物館の面白さ・楽しさ・意外性、そういったものを伝えることによって、博物館が好きになって貰えば、自分たちの国や町の歴史の面白さにも気がついて貰えるようになるかもしれないからだ。

国民性への挑戦、などとだいそれたことを大上段に振りかざすつもりはない。自分たちにできることを少しずつやっていくこと、そして、人と人との繋がりをなによりも大切に考えていくことが、文化財行政の基本であり、博物館はその拠点としての役割を十分に担える場である、と信じているだけである。

人に優しい

何か月か前、テレビの番組で、目の不自由な方々が、まわりの協力によってヨーロッパ旅行をしたことが放送された。

盲導犬と一緒にミュージアムを訪れた彼らは、学芸員の案内によって、実際に展示物を手で触りあるいは頬擦りして、たしかに「見る」ことができたという。その時の彼らの表情、不自由な目から涙が流れ、言葉では決して言い表せない感動に満ちた表情だったことを覚えている。日本と違って、ヤラセではない学芸員やミュージアムそのものの対応もじつに素晴らしいものだった。またぜひ来たいね、ミュージアムを去る時の彼らのこの約束は、しかし悲しいことに、一番喜んでいた女性の突然の死によって、その後実現していないという。

日本の博物館でも、最近はいろいろと配慮はされているようだ。エレベーターがあったり、段差が取り除かれたり……。しかしそれらはいずれも、ハード的な施設であって、一番大切なソフトではない。盲導犬が堂々と入れる施設、目の不自由な方が触ってみることができる展示、車椅子の方が不自由なく観覧できる展示、そして学芸員の態度、どれを取っても、決して人に優しい配慮がなされている、とは思えない。

たしかに、手で触ることのできる展示、というものはとてもむずかしいだろう。私はなにも、すべてのガラスケースを撤去して、だれでも触れるようにしろ、といっているのではない。保存のためにはやむを得ず、空気や湿度を遮断しなければならないものもある。私がいいたいのは、そのための努力を真剣にしているのか、という取り組む姿勢のことである。

はじめから、「不可能」と突っ撥ねて考えることすらしていないのではないか。いくら躾られているからといって、犬を入れるなんてとんでもない、たとえ盲導犬であっても、という考え方に疑問をもったことすらないのではないか、ということである。「博物館とはこうあるもんだ」という固定観念・既成観念にとらわれて、博物館の本質を考え直してみようともしない、その姿勢に問題があるといいたいのだ。人間の心の故郷としての文化財を展示・紹介し、現代から未来への道程を示してくれるのが博物館であるとするなら、人へのやさしさを忘れた博物館は意味がないと思うのだが。

博物館委員会のまとめ

博物館建設へ向けての根本的な姿勢を検討してもらう委員会発言の、ほんの一部を紹介しながら私の意見をも述べてきたが、この他にも実にいろいろな意見が出された。特に展示については、仕掛けや装置に走り過ぎず、本物の迫力を大切にすること、見学動線は強制にせず、見学者の意思で自由に動ける動線を工夫すること、常設展示といっても固定せず、常に新しい情報に対応して展示換えを行なう柔軟な姿勢が必要であること、などなどである。

委員からは、歯に絹を着せない意見も数多く出され、いいたくても遠慮してしまう委員会が多いなか、珍しく活気のある委員会となった。

そして、この委員会のまとめとされたことがすごい。まさに究極の言葉である。「日本にある公立の博物館の欠点や問題点をすべて改善していけば、いい博物館になる」。これはなにも、現在ある公立博物館の悪口ではない。吉野ケ里博物館への私たちの取り組みの姿勢が問われていることなのだ。

たとえばレストランにしても、ミュージアムショップにしても、きわめて貧弱なところが多い。人と人とが集う場所どころか、どう考えても「来るな」といっているようなものだ。それはなぜか。他県のことはよく分からないが、こと佐賀県の例でいうなら、博物館や吉野ケ里のイベントに限らず、既成観念から抜けきれないからだろう。

私たちが吉野ケ里でイベントを計画する。すると必ずこういわれる。

「遺跡でやることではないのではないの」

「教育委員会の仕事ではないのではないの」

自分たちの縦割りのなかにドップリと浸かっているから、新しいことを考えてみようともしない。つねに「ここまで」というラインの方が先に決められている。したがって、博物館のレストランやショップというと、完全に付属的なもの、あるいは必要ないもの、としか考えていない。さらに、新しいやり方を提案するとこうだ。「これまでのやり方をちゃんと調べたの。同じようなやり方でやってよ」。

なにも無理して今までの方法を変える必要はないが、いろいろなやり方を試してみることは必要であろう。そうすることによって、自分たちでは気がつかなかった欠点や不備が見つかることもあるのだ。従来のやり方に固執していては、なにも新しい物は生まれてこないだろう。

吉野ケ里博物館への挑戦、それは行政を含め、私たち自身の自己改革が問われていることと、それ以外の何物でもないような気がする。

新たなる展開へ

「吉野ケ里歴史公園」整備の中核ともいえる建物などの復元については、日本全国における縄文時代から古墳時代の主要集落や大型建物跡の出土事例、絵画土器やアジア少数民族の事例などの資料を網羅的に収集して、そこから弥生時代集落の概念を導き出し、そのなかから吉野ケ里遺跡の集落論を展開していこう、という試みを行なっていることは前に述べた。

吉野ケ里遺跡──その最新情勢──

その後、これらの資料の収集・分析や検討がすすみ、吉野ケ里遺跡についての新たな解釈が生まれてきた。また、国営歴史公園の整備は、いよいよその具体的な姿を一部あらわそうとしている。ここでは、こうした吉野ケ里をめぐる最新の情勢について簡単に紹介してみたい。

日本における旧石器から古墳時代の集落形成をたどる作業のなかで、私たちは社会人類学や民族学・民俗学的な視点から、多くのことを学ぶことができた。考古学的手法から導き出される内容にはおのずと限度があり、当時の人々の精神社会や世界観といった側面については、その重要性は認識していても、なかなか踏み込むことができなかった。こうした精神社会や世界観のとらえかたについて、新たな視点を提供してくれたのが社会人類学や民族学・民俗学などの分野であり、考古学一辺倒で遺跡を理解しようとしていた私たちにとり、新鮮な驚きをもたらすものであった。

たとえば、弥生時代の集落内において、建物の配置については規則性はない、と従来は考えられてきた。竪穴《たてあな》住居の入口が広場の中心に向かって作られているとか、高床《たかゆか》の倉庫が一定方向に向かって整然と並べられているとか、さらには集落全体の構成がなんらかの思想に基づいたものであるとか、このような規則的な考えは、少なくとも吉野ケ里の大集落では認められていなかった。

しかし、それはあくまで遺構の配置状況からだけの判断であり、本当はなにかきちんとした法則なり思想に基づいて配置されているのではないか。こうした疑問に対する考え方について、一つの道筋を示してくれたのが社会人類学や民族学・民俗学的視点であり、法則や思想とは、言い換えれば当時の人々の世界観の表れである、という指摘を受けたのである。

この当時の人々の精神社会や世界観がどのようなものであったか。このことによって吉野ケ里集落のとらえ方が大きく変わってくる、という指摘を受けた私たちは、社会人類学や民族学・民俗学研究者の協力を得てワーキング（研究会）を重ね、発掘資料やアジア各国の民族例などの資料をもとに、日本列島における集落形成の流れを、五〇〇ページにおよぶ『吉野ケ里歴史公園建物等復元検討調査報告書』（主管建設省）としてまとめた。

ここでは、日本列島における旧石器時代から古墳時代後期後半までの集落形成の流れについて、その検討結果の紹介にとどめ、吉野ケ里の集落概念とそこから導き出される新たな吉野ケ里像については、そのエッセンスを紹介してみたい。

ただし、水田農耕の開始時期については、縄文時代の親族共同社会に決定的な変化をもたらし、その解体・再編成という形で弥生社会が成立・発展したととらえるのか、縄文社会の枠組みの上に水田農耕による新しい社会的要素が加わり、弥生社会が展開していったとみるのかは、今後議論が必要なところであり、今回の私たちの成果が必ずしも結論となっているわけではない。

吉野ケ里集落の全体像

全国の集落の研究成果から導き出された概念をふまえ、発掘と研究成果による吉野ケ里遺跡の全体像を把握する作業を行なった結果は、次のようにまとめられた。

一、弥生時代の全時期を通して、変化・発展していった長期継続集落であること。

二、全国的にもずば抜けた規模を持つこと。

三、当時の生産利器として、きわめて貴重な鉄器が多種多量に出土していること。

四、鉄器とならび貴重な地位を持つ青銅器生産が、中期初頭（紀元前一世紀）から一貫して行なわれていたこと。

五、ガラス製品・絹織物などの手工業品および南島産の貝輪など、広く交易が行なわれていたと推定できること。

六、一般の埋葬とはきわだった違いをみせる墳丘墓とこれに対する祭祀、さらにはその前方に祭殿を思わせる大型の掘立柱建物を内部に置く北内郭が成立するなど、周辺の集落にはみられない大規模で特殊な祭祀的施設が存在すること。

七、周辺の集落を見てみると、後期の佐賀平野東部では集落間の階層化が進み、各階層の集落が有機的に結びつきながら、ピラミッド的な地域的社会（「クニ」）を構成していたこと。

八、吉野ケ里遺跡はこうした地域的社会（「クニ」）の頂点に位置する集落であり、その背景には豊かな農業生産力、さまざまな手工業生産や他地域との交易などによる活発な経済活動、墳丘墓祭祀に代表される独自の祭祀的世界観によって形成されていった部（種）族社会の成熟があったと推察できること。

かなりむずかしい表現になってしまったが、先述した「わが国の成り立ち」のようすが具体的な形で見え始めてきた、ということであろう。

こうした作業をすすめていくなかで、私たちは新しい考えに出会うことになる。吉野ケ里集落の構造が、中国における漢の時代の城郭構造に近似しており、その影響をきわめて大きく受けているのではないか、ということは、すでに現場責任者の七田忠昭氏が気づいていたが、さらに重大な考えが研究者によって発表された。

それは、吉野ケ里集落の構造と配置が中国の礼制における「坐北朝南《ざほくちようなん》」（北が上位で南が下位）の考えに基づいているのではないか、というのである。

①吉野ケ里環壕集落では、弥生時代中期前半に北墳丘墓・南墳丘墓が築造され、その後、

中期後半の終りごろから後期の前半にかけて、大規模で各所に入口を有する外壕の造営が行なわれ、約四〇㍍におよぶ大規模環壕集落が成立する。

②この外壕は基本的には地形に大きく拠っているとはいえ、南北両墳丘墓を取り込んでおり、言い換えれば両墳丘墓を結ぶ空間が環壕集落形成の計画空間になっていると考えられる。

③さらに、両墳丘墓を結んだ線と北内郭の大型掘立柱建物（祭殿）の中軸線が一致し、同じ線上に北墳丘墓前面にある立柱と小規模な掘立柱建物（祀堂）も結んでいる。

これらのことから、南北墳丘墓を結んだ線は、環壕集落の中軸線ともいうべき重要な軸線であったと推定することができ、この南北の軸線に沿って集落が形成された可能性がきわめて大きくなってきたのである。

これを発掘調査の成果からみてみると、吉野ケ里の最盛期（弥生時代後期後半＝ほぼ三世紀）には、環壕集落内の空間が大きく三つの地域に分かれていたことが推定できる。

①特殊な建物の存在や、きわめて閉鎖的な空間の構造・配置、北墳丘墓への祭祀を証明する祭祀遺物の出土などから、当時の吉野ケ里を司る祭政的空間であると考えられる北内郭広場一帯。

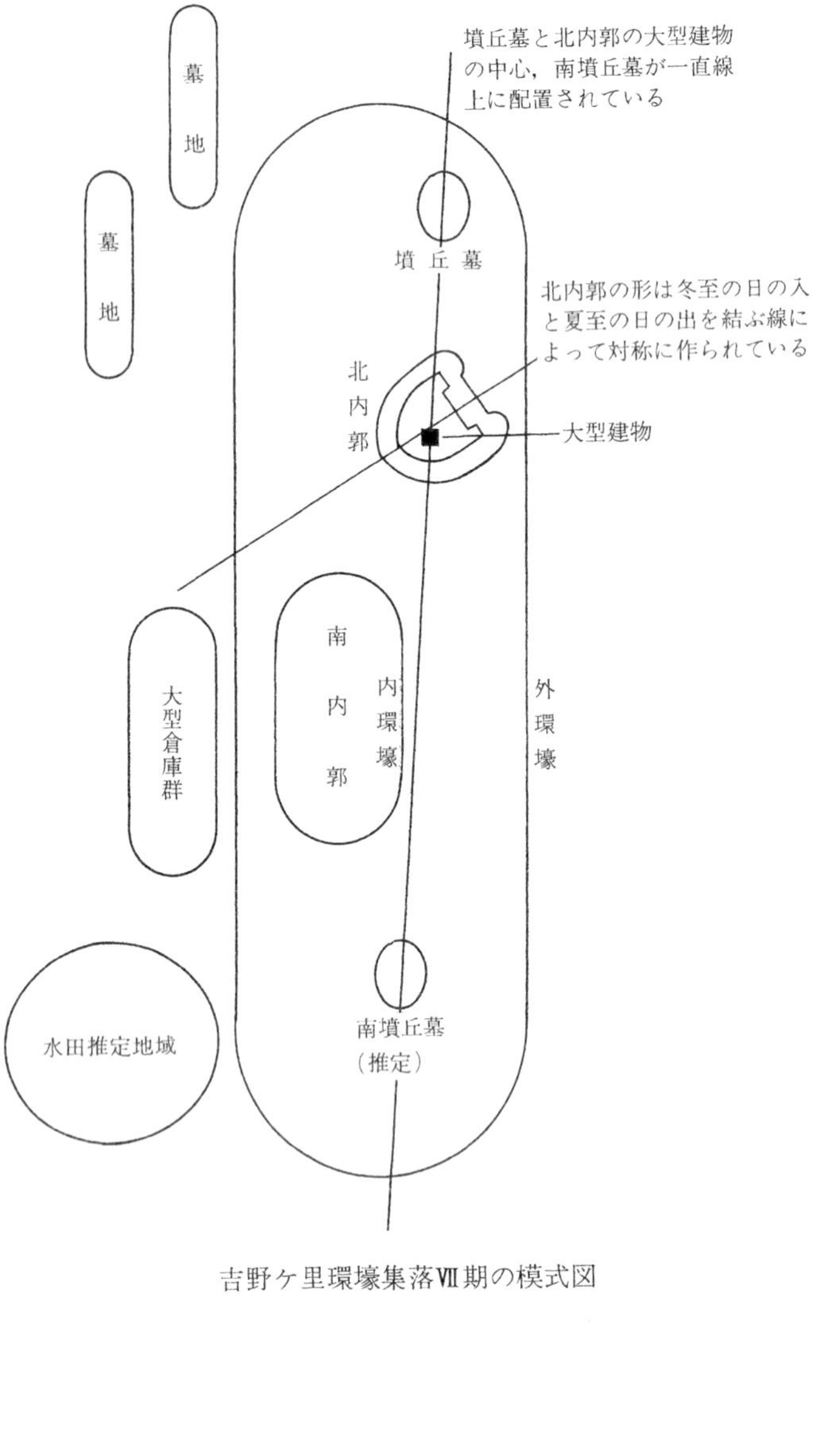

吉野ケ里環壕集落Ⅶ期の模式図

②構造は北内郭広場と類似しているが、建物が北内郭に比べ竪穴住居で構成されていること、土器や鉄器など日常の生活用具である遺物が豊富に出土していることなどから、支配者層が生活する世俗的権威の場と考えられる南内郭一帯。
③建物の配置構造や集落を区画する内壕の存在がないことなどから、一般的な性格をもつ民衆の村であると考えられる南墳丘墓周辺一帯。

以上のように、吉野ケ里集落の空間配置は北に祭祀的性格の強いものを配し、南に世俗的・生活的なものを配する、「北上位」「南下位」の観念に基づき構成されており、まさに「坐北朝南」そのものの配置であることがほぼ確認されたのである。

吉野ケ里の集落が南北の軸線を意識して構成されているのではないか、という検討を重ねていくなかで新たな疑問が提出された。それは北内郭の形状についての問題である。吉野ケ里環壕集落Ⅶ期の模式図を見ていただくと分かるように、南北の軸線から考えるとどうしてもその形が不自然である。

この問題に対しては、国学院大学の小林達雄先生に「縄文のモニュメントに代表される特異な要素があるのではないか」と考える研究がある。「縄文時代から人々は太陽の運行に少なからず関心を持っていたのではないか。たとえば、ある集落の遠方に特徴的な形の山があり、その山の頂から日が上る線あるいは日が沈む線をなんらかの生活の軸線と考えていたのではないか」(「吉野ケ里ワーキング」での発言)という説である。

こうした考え方に基づき、私たちは実際に吉野ケ里の北内郭の中心点に立って観測をした結果、たしかに吉野ケ里の北内郭を対称に貫く線は、冬至の日の入りと夏至の日の出を結ぶ線上と一致することが判明した。つまり、吉野ケ里の北内郭は、当時の日の入りと夏至の日の出を結ぶ線によって、きれいに左右対称形に作られているのである。しかも、この北内郭の中心点は、南北を結ぶ軸線と冬至の日の入り、夏至の日の出を結ぶ線の交点であることも確認された。

このようにして、吉野ケ里の人々は、ただ単に地形に沿って集落を作り上げているのではなく、自分たちの方位観念、さらには「坐北朝南」といった中国の礼制に基づく考え方を、すでに持っていたと考えられるようになったのである。

本当の姿はこれから

遺跡の理解については、前にも定説あるいは自分たちの考えからの脱却がいかに大切であるかを述べたが、吉野ケ里の調査研究をすすめる上で、私たちはあらためてその重要性を思い知らされた。

いま全国で遺跡の調査成果の発表がつぎつぎにあり、新たなる古代史ブームがふたたび訪れようとしている。その背景にはどこかＰＲ合戦的な匂いがただよい、遺跡の本当の理解がなされないまま、あるいは不十分なまま、イメージだけが先行するように感じているのは私だけだろうか。遺跡を多くの人々に見てもらい、関心を持ってもらうことは大切なことだろう。だが、そのために遺跡の姿がゆがめられたり、都合のいい解釈ばかりになってしまう最近の動きには、納得できない面が多分にある。

その原因の一端は吉野ケ里にある、といわれれば確かに否定はしない。しかし、一九八九年（平成元）二月の報道発表以来、私たちは、少なくとも遺跡の理解のために何をやらなければならないか、さらなる理解のためには今後何をなすべきか、このようなテーマをつねに持ち続け、今日まで調査研究を進めてきたことだけは事実である。むろん、ある結論に達したからこれでいいという問題ではない。

そのため、発表直後と一九九二年（平成四）二月にまとめた各概報、そして今回の『建物等復元検討調査報告書』における吉野ケ里集落は、その考え方が段階的に変化してきている。こうした継続的な調査研究と、その成果に基づく最新情報をつねに発信しつづけることが大切であり、その場かぎりの人気取り的な発表の仕方は、いずれ自分たちの首を締めるだけではなく、遺跡そのものを辱める行為にもつながると思う。

吉野ケ里遺跡の発掘調査は、現時点では全体の四〇%にもみたず、今後の調査結果によっては、これまで述べてきたような集落の考え方そのものをも、根本から覆すようになるかもしれない。大切なのは、その時その時において、どれだけ自分たちがしっかりとしたポリシーを持って取り組んでいるかどうかであろう。そういう意味においても、吉野ケ里はまだまだ未知数の可能性を秘めた謎多き遺跡なのである。

吉野ケ里歴史公園
――その後の展開――

一九九四年（平成六）に策定された吉野ケ里歴史公園の基本設計は、その後の調査研究により、結果が明確なものについて、公園整備の主体である建設省と協議をかさね、内容変更がされることになった。

遺跡入口周辺に想定していた水田が、半乾湿地の可能性が高くなったため、整備内容も半乾湿地に変更されたこと。北内郭にある物見やぐらについては、南内郭のような「見張る」目的以外にも「宗教的施設」としての意味合いを持つことが考えられるため、上層部に壁を設けるようにしたこと。遺跡西側の大規模な水田について調査の結果、その復元場所をずらした方がよい、との結論に達したこと。さらに、現時点での調査により、外壕が巡る丘が、西側に拡大する可能性が出てきたため、集落全体の復元範囲を変更する必要がでてきたこと。などなど、細かい所まであげれば枚挙に暇《いとま》がないほどである。

吉野ケ里歴史公園北内郭の復元計画図

吉野ケ里歴史公園の整備状況（1997年）

2000年の第１期開園をめざして進む整備工事．南内郭より古代の原ゾーン予定地を望む．

吉野ケ里歴史公園は、基本方針のひとつに「文化財調査の結果により成長発展していく公園」と位置づけている。現状はまさにこの方針通り、既成事実にとらわれず、つねに新しい情報をもとにした柔軟な姿勢によりすすんでおり、これは文化財担当者だけではない、建設省と一体となった取り組みの成果であると思う。

現在、歴史公園は二〇〇〇年（平成一二年度）における第一期開園をめざし、北内郭広場の造成整備工事、県道を橋で繋ぎ当時の地形復元を目指す工事、入口広場の整備工事、などに着手しており、早ければ一九九八年（平成一〇）の終りころには、遠くからその雰囲気を味わうくらいに整備が進んでいく予定である。日ごとに変わる吉野ケ里の丘の姿は、将来への夢と、昔ながらの風景が消えていく一抹の寂しさを感じさせながら、少しずつ二〇〇〇年前の姿へと、その環境を整えつつある。

これまで述べてきた、吉野ケ里歴史公園整備（遺跡整備）への取り組みをあらためて振り返ってみると、そこには、遺跡整備にかぎらず、私たちの社会そのものに対する大きなヒントがたくさん含まれているように思う。手段ではなく目的が大切なこと、ハードを考える場合には必ず同時にソフトを考えることが大切なこと、従来の考えにとらわれ過ぎることなく、つねに問題意識を持つこと、人を感動させるためには、必ず人の温かみがどこかに感じられること、など数え上げればきりがない。

「遺跡整備とはプレゼンテーションである」とは、私の上司の高島忠平氏の口癖《くちぐせ》である。遺跡の内容を分かりやすく紹介するためには、なによりも遺跡そのものを理解しておく必要がある。分かりやすく、とは質を落とすことではない。真に理解しておかなければ分かりやすく解説することなどできはしない。だれのために、なんのために、遺跡の姿をどういう方法で紹介するのか。この一連の流れのなかで、遺跡を考え、見学にみえる人たちのことを考え、そのなかに自分たちの考えをしっかり含めていくことが大切であろう。文化財行政に今一番求められているのは「戦略・戦術」にほかならないと思う。

残念なことに、現在でも目につくのは、結果や結論だけを欲しがる行動、あるいは結果や結論のみで評価をしようという動きである。結果が即、姿になって現れないものについては予算もつきにくく、逆に結果が見え過ぎるものについては関心を示さない。こうして作られてきた日本各地の町が、いかにひどい現状になっているかはあらためて述べるまでもないと思う。

吉野ケ里歴史公園の整備を通して、私たちが学んできたもの。それは「一つのCと三つのPがいかに大切であるか」ということにほかならない。

C＝コンセプト

P＝プランニング

P＝プロセス

P＝ポリシー

日本語に直すと微妙にニュアンスが違ってくるので、横文字での表記をお許しいただきたいが、「歴史公園整備（遺跡整備）から社会が見えてくる」といったら過言になろうか。「来るべき二一世紀は文化が経済の起爆剤になる」ともいわれている。こうした表向き豊かな国の未来とともに世界中のどこかで飢えに苦しんでいる人たちがいる。いまもなお、戦火の下で苦しんでいる人たちがいる。そんな人たちに、吉野ケ里はなにをできるのだろうか。日本が真の意味で「心の豊かな国」になるために、一人ひとりが世界の掛け橋となれる豊かな心を持つために、吉野ケ里はなにができるのだろうか。

この大きすぎる課題をしっかりと胸に刻みながら、これからも歩いて行きたいと思う。

吉野ケ里とともに

新しい事実と考古学

これまで吉野ケ里《よしのがり》に対する、私たちのさまざまな取り組みを紹介してきた。最初に、なにひとつ専門的な分野を持たない人間である、とはお断りしたが、私は正直にいって非常に落ち込んでいる。自分では、もう少しまともな考えなり、ましな意見を持っているつもりでいたが、いざ書きおえてみると、表面だけの薄っぺらなものに終わってしまっているようにも思われる。結論めいたものをひとつとして導き出せなかったのは、日頃、多くの方々のご意見やご指導に頼りっぱなしの結果でもあろうか。一時、大学で考古学の専門的な勉強をしていればよかった、と思ったことがある。しかし今は違う。もしも考古学を専門に勉強していれば、今のような考え方はできない人間になっていたかもしれないからだ。中途半端な人間にこんなことをいう資格はないかもしれない。

しかし、こんな人間ではあるが、冒頭で述べたように、吉野ケ里を愛する心には一片の曇りもない。最後まで教えて貰ったことで申し訳ないが、国学院大学の小林達夫先生から伺った話を紹介したい。

歴史学とか考古学の世界は、ジグソーパズルを解くように、新しい事実が判明することにより、空白の所に一つずつピースが埋まり一歩ずつ進歩して行く。私はそんなものだと思っていた。しかし、吉野ケ里で感じたことは、新しい事実の判明により、それまで考えられていたことが覆され、結局分からないことが増える結果になってしまう、という不思議な現象である。一つ一つの事実が積み重なり、全体が見えて来るはずが、逆になぜ、積み重なるたびに、分からなくなってくるのだろうか。

小林先生は、積み木にたとえて話をしてくださった。木曽の山奥での、焼酎を飲みながらの話である。

「ジグソーパズルにたとえると、君がいったようになるのかもしれないが、考古学の世界は積み木にたとえた方が分かりやすいと思う。

いろいろな形の積み木を使って、ある一つの大きな形を作る作業だと考えてもらいたい。丸・三角・四角・台形、そんないくつもの小さな形を組合わせて、たとえば大きな球を作るとか、そういったことだ。

積み木の数が少ない時には、組合わせも単純になるから、形も作りやすい。この最初の形を〝定説〟だとする。ところが、調査などによって、どんどん積み木の数も形も増えてくると、いくつかの積み木が残ったり、どうしても合わない積み木がでてくる。当然、最初からバラバラにして組み直す必要が出てくる。この場合、当然〝定説〟も考え直さなければならない。だからといって〝くつがえされた定説〟が意味を持たなくなる訳ではもちろんない。

一つの真実にたどり着くまでに、一体いくつの積み木が必要なのか、あるいは出てくるのか、それさえ分かっていない世界だ。だからこそ大切なのは、一度積み上げた積み木の形にとらわれず、もう一度壊して、新しく積み上げていく勇気ではないだろうか」

なるほど、これならよく分かる。まだこれから自分にもできることがあるかもしれない。自分自身を確立する考えを見つけることができるかもしれない。そのために大切なことは、つねに現在の自分に満足しないことであり、いまの自分に思い上がらないことでもあろうか。考古学の世界のむずかしさだけではなく、こんなことをも教えていただいたような気がする。

体験と感動の吉野ケ里

また、吉野ケ里遺跡でのさまざまな体験事業を通して、子どもたちや学生から教えてもらったことがたくさんある。

最近は家でコンピューターゲームに夢中になっている子どもが多いと聞くが、そんな子どもたちに屋外で体験する楽しさを知ってもらおうと、私たちなりにいろいろなことを考えてイベントを実施してきた。しかし、愚かにも私たちが大人の知恵で考えた、言い換えれば準備したステージでは子どもたちは動いてくれなかった。だが、きわめて単純な、たとえば舞切りを使った古代の火起こし体験や小さな弓矢を使った狩りごっこなど、単純な遊びに夢中になっている姿を見てハッとしたことが何回もある。子どもたちは幼いようでも自分達の世界あるいは世界観を持っている。そんな子どもたちの思考回路は、大人が仕組んでも決して作動することはないのだ。

さらに、地元の佐賀女子短期大学では、正規のカリキュラムに吉野ケ里での体験学習を組んでいる。発掘調査体験から始まり遺跡内の竪穴住居での宿泊体験まで、二週間をかけての授業である。考古学が専攻ではないということもあり、喜んで参加している学生はははっきりいって二〇名中、三、四名しかいない。喜んでもらえそうなカリキュラムを組んでも、最初からやる気のない学生にはなんの効果もない。そんな学生たちにとって、最後の宿泊体験は、ポケベルや携帯電話はもちろんジュースやお茶の持ち込みさえ許されていない、まさに地獄の体験である。慣れない手つきで火を起こしヌルヌルした魚を串に刺し、真っ黒にこげたしかも薄い塩味しかついていない料理の夕食時になると、もう完全にパニック状態である。

なんとか我慢して夕食を終え夜九時ごろになると、することがなにもなくなる。みんなでひとつの竪穴住居に集まり懇談会が始まる。大学の先生方と私たちの計画では、感想を言い合う会にしようと考えていたが、学生たちの疲れきった表情を二週間も見てきた結果、強制せずに自由な時間とすることにした。外は真っ暗、竪穴住居のなかは中央の炉に薪がパチパチと燃えているだけ。二〇分もそうしてすごしただろうか、突然学生のひとりが自分から話し始めた。この体験学習がすごくいやだったこと、途中で逃げ出そうと思ったこと、しかし、今こうして中央で燃えている火を見ていると非常に充実していること、わけの分からない感動のようなものに包まれていること、こうしていたら親のことを思い出したことなど……。

なにが彼女を変えたのだろうか。彼女自身にも分からない、ましてや私たちには分かろうはずもない。ただひとつ言えることは、静寂のなかで燃え続ける「火」の力が、そこに集うみんなの心を、ただただ素直にしてくれたということである。

吉野ケ里を通して、子どもたちや学生たちになにかをしてあげられるのではないか、そう考えていた私たちの計画、それはある意味では思い上がり以外の何物でもなかった。子どもたちや学生たちを感動させたもの、それは吉野ケ里そのものであり、自分たちの体験から生まれた自己発見以外の何物でもなかった。パチパチと燃える小さな火、弓矢を飛ばすだけという単純でお金もかからない遊び、そんなものに、あさはかな大人の知恵はことごとく打ち砕かれたのである。このことを思い知らされた時、私たちは変なしかけをしよう、ということを一切捨てさった。長い長い年月の中で生き続けてきた吉野ケ里遺跡、その自然と昔の人々の思いには、だれも勝つことはできないのである。

夢と吉野ケ里

本書を書かせていただいたおかげで、私は久し振りに、純粋で、ただ一生懸命だけだったころの自分を思い出すことができた。私にとっては、それだけで十分である。知らず知らずのうちに、現在の立場にドップリと浸かっていた私にとっては、まさに自分を見つめ直すまたとない機会となった。これまで私にいろいろなことを教えてくださった方々、指導していただいた方々に、心からお礼を申し上げたい。

若いころ読んだ詩にこんな言葉があった。

「人は弱い者だからこそ、人の弱さが嫌いなのかもしれない。しかし、自分もまた、そんな弱い人間であることを知っている人は素晴らしい。弱い者は、いつも止まり木を求めている。たしかに、止まり木のない人は悲しい。けれど、止まり木になれない人は、もっと悲しい」（『手風琴』）と……。

私には、人の止まり木になるなどということはできそうにもないが、吉野ケ里がいつか人々の心の止まり木になれるよう、できることを精一杯やっていきたいと思っている。夢を持っている人は素晴らしい。しかし、人の見る夢はいつもはかないものかも知れない。なぜなら、夢に人がつくと「儚」、すなわち、はかないという言葉になるからだ。

吉野ケ里のことも、いつか夢に終わってしまう時がくるかもしれない。あるいは、夢の中のできごとのように思える時がくるかもしれない。たとえその時がきても、いや、その時がくる日まで、私は吉野ケ里とともに歩いていきたいと思っている。

「青春の夢に忠実であれ！」、年齢的には青春ではないが、夢を持ち続けている人は、いくつになっても青春のなかにいることができるという。吉野ケ里とともに歩いてきた、これまでの年月。そして吉野ケ里とともに歩いていくであろうこれからの年月。

「わが青春に悔いなし」

私の青春は、いま、始まったばかりである。

あとがき

吉野ケ里遺跡を通して、私は本当にさまざまな人々と出会うことができた。毎日毎日、炎天下でまた寒風吹きすさぶ遺跡のなかで、黙々とゴミを拾ってくださったり交通整理をしてくださっている方々がいる。吉野ケ里遺跡が有名になるなかで、当初から遺跡に携わり、いまでも遺跡の調査にはかかせない多くの作業員さんたちがいる。このようなみなさまに紙面を使ってお礼をいったなら、かえって失礼になるかもしれないとも思う。

また、仕事の関係で、遠くから足を運んでくださるいろいろな会社の営業の方々とも親しくなれた。時には、どうしても手がはなせず、邪険にもお帰りいただくような失礼なことをしてきたこともたくさんある。

「人に優しい」などと偉そうな記述をしながら、これまでの自分が取ってきた態度や言葉使いを考えると、とてもそのようなことをいえる資格のないことに気がつく。

私がいま勤務している佐賀県教育委員会文化財課の仲間はもとより県庁各課や地元町村の方々、さらに国の関係諸機関とマスコミの方々、そのほか私を支えてくださっている方々に、心からお詫びとお礼を申し上げたい。今後とも、いろいろなことをご指導いただきたいと思う。そして、読者のみなさまには、私の独断的な視野の狭い考え方や生き方に、きびしいご批判をいただければ幸いである。

一九九七年九月

納 富 敏 雄

著者紹介

一九五二年、佐賀県生まれ
一九七八年、日本大学商学部卒業
現在佐賀県教育委員会文化財課吉野ケ里遺跡班企画調整主査

主要著書
佐賀県の美と心―ふるさとの文化財―　建造物総論
吉野ケ里遺跡―その内容と意義―
吉野ケ里遺跡―その保存と活用―　吉野ケ里歴史公園―地域活性化への期待―

歴史文化ライブラリー
28

吉野ケ里遺跡
保存と活用への道

一九九七年一二月一日　第一刷発行

著　者　納《のう》富《どみ》敏《とし》雄《お》

発行者　吉川圭三

発行所　株式会社　吉川弘文館
東京都文京区本郷七丁目二番八号
郵便番号一一三
電話〇三―三八一三―九一五一〈代表〉
振替口座〇〇一〇〇―五―二四四
印刷＝平文社　製本＝ナショナル製本
装幀＝山崎　登（日本デザインセンター）

歴史文化ライブラリー

1996.10

刊行のことば

現今の日本および国際社会は、さまざまな面で大変動の時代を迎えておりますが、近づきつつある二十一世紀は人類史の到達点として、物質的な繁栄のみならず文化や自然・社会環境を謳歌できる平和な社会でなければなりません。しかしながら高度成長・技術革新にともなう急激な変貌は「自己本位な刹那主義」の風潮を生みだし、先人が築いてきた歴史や文化に学ぶ余裕もなく、いまだ明るい人類の将来が展望できていないようにも見えます。このような状況を踏まえ、よりよい二十一世紀社会を築くために、人類誕生から現在に至る「人類の遺産・教訓」としてのあらゆる分野の歴史と文化を「歴史文化ライブラリー」として刊行することといたしました。

小社は、安政四年（一八五七）の創業以来、一貫して歴史学を中心とした専門出版社として書籍を刊行しつづけてまいりました。その経験を生かし、学問成果にもとづいた本叢書を刊行し社会的要請に応えて行きたいと考えております。

現代は、マスメディアが発達した高度情報化社会といわれますが、私どもはあくまでも活字を主体とした出版こそ、ものの本質を考える基礎と信じ、本叢書をとおして社会に訴えてまいりたいと思います。これから生まれでる一冊一冊が、それぞれの読者を知的冒険の旅へと誘い、希望に満ちた人類の未来を構築する糧となれば幸いです。

吉川弘文館

〈オンデマンド版〉
吉野ケ里遺跡
保存と活用への道

歴史文化ライブラリー
28

2017年（平成29）10月1日　発行

著　者　納《のう》富《どみ》敏《とし》雄《お》
発行者　吉川道郎
発行所　株式会社　吉川弘文館
〒113-0033　東京都文京区本郷7丁目2番8号
TEL　03-3813-9151〈代表〉
URL　http://www.yoshikawa-k.co.jp/

印刷・製本　大日本印刷株式会社
装　幀　清水良洋・宮崎萌美

納富敏雄（1952～）

ISBN978-4-642-75428-6